macht
schee

PONTUS FREI

Bayrische

Burger & Sandwiches

STREET FOOD TRIFFT Heimat

blv

STREET FOOD
TRIFFT
Heimat

Inhalt

sauguad
Pfundig

Street Food trifft Heimat
Bayern ist bereit für den Burger!

Herzhafte Burger und Sandwich-Kreationen werden von nun an unser Leben bereichern – allesamt bayerisch, versteht sich. Das heißt: Die Hauptzutaten der Burger und Sandwiches stammen aus Bayern bzw. werden hier erzeugt.

Schrobenhausener Spargel, Nürnberger Rostbratwürste, Allgäuer Weißlacker-Käse, die bayerische Breze, der Obatzte oder das weltbekannte bayerische Bier: Sie alle stehen in einer Reihe mit Berühmtheiten wie dem luftgetrockneten Parmaschinken oder dem französischen Champagner. Denn sie wurden von der EU für ihre Einzigartigkeit in Verbindung mit ihrer Entstehungsregion geadelt und sind durch spezielle Herkunftsbezeichnungen geschützt. »Nachahmung ist die höchste Form der Anerkennung«, wusste bereits Oscar Wilde. Doch das vordergründige Lob der Imitation birgt natürlich die Gefahr, dass der gute Ruf missbraucht und häufig auch durch schlechte Qualität geschädigt wird. Nur noch Originale dürfen daher den berühmten Namen tragen.

Der Freistaat Bayern hat bereits sehr früh die enorme Bedeutung dieser Spezialitäten erkannt und sich weit mehr als andere Bundesländer beim Schutz dieser kulinarischen Schätze engagiert. Denn sie prägen das Bild der bayerischen Küche und sind für viele Menschen ein Stück bayerische Identität und Heimatgefühl. Aber es gibt natürlich noch weitere Qualitätssiegel. Das RAL-Gütezeichen zum Beispiel garantiert den geografischen Herkunftsbereich, die Einhaltung bestimmter Qualitätsanforderungen sowie eine korrekte Kennzeichnung regionaler Produkte. Oder »Die Arche des Geschmacks«, ein Projekt von Slow Food mit dem Ziel, regionale Lebensmittel, Nutztier- und Nutzpflanzenarten sowie Gerichte, die mangels Angebot auszusterben drohen, vor dem Vergessen zu retten.

Und so setzt sich ein Gedanke beim Verbraucher immer mehr fest: »Regional ist das neue Bio!« Also her mit ehrlichen, traditionell hergestellten Lebensmitteln möglichst vom Landwirt um die Ecke. In diesem Buch geht es nicht nur um Siegel-versehene bzw. geschützte Lebensmittel, sondern vor allem um Produkte und Gerichte, die in Bayern eine große Tradition besitzen.

Street Food, das ist zurzeit der Trend auf kulinarischem Gebiet – die Currywurst 2.0 sozusagen. Food Trucks oder kleine Garküchen verkaufen ihre Spezialitäten, frisch vor den Augen der Kunden zubereitet, aus dem Food Truck heraus. Wo es früher pappige Pommes und fettige Bratwurst gab, geht es inzwischen international und modern zu. Verkauft wird Fingerfood aus aller Welt – Tacos, Currys, ausgefallene Sandwiches und exotische Burger. Zusätzlich liegt der Fokus auf gesunden Elementen, Nachhaltigkeit und einer ausgefallenen Präsentation.

Immer öfter findet man auch kreatives Street Food in einer Fusion mit regionalen Elementen wie Leberkasburger oder Calzone mit Schweinshaxe und Kraut. Und daneben punkten viele Food Trucks mit urigem Ambiente und »Feel good«-Entertainment.

Nach diesem Vorbild soll das Buch dazu animieren, die traditionellen Zubereitungen modern zu interpretieren: Burger und Sandwiches, beides typisch amerikanisch, als bayerische Versionen. Statt langem Sitzen am gedeckten Tisch mit üppigen Speisen – cooles Fingerfood am Bistrotisch in der Küche oder auf dem Balkon. Frischer Spaß an bayerischer Tradition ohne Einbußen bei Zutaten und Geschmack.

Oder einfach – Street Food trifft Heimat!

Aus da Ebene, vom Berg & aus der Luft

KAPITEL 1

Guad is wi's is

Rosinenweck-Burger mit gebratener Kalbsleber, Apfel und »Domina-Rotwein«-Zwiebeln

FÜR DIE ZWIEBELN
2 Metzgerzwiebeln
1 EL Sonnenblumenöl
1 TL brauner Farinzucker
100 ml Domina-Rotwein (z. B. aus Franken)
2 Stängel Petersilie
je 1 Prise Salz, weißer Pfeffer aus der Mühle, edelsüßes Paprikapulver und gemahlener Zimt

FÜR DIE LEBER
30 g Butter
4 Kalbslebermedaillons (600–700 g)
je 1 Prise Fleur de Sel und schwarzer Pfeffer aus der Mühle
Mehl zum Wenden

FÜR DIE BURGER
2 süße Äpfel (z. B. Royal Gala)
1 kleines Bund Brunnenkresse
1 TL Butter
4 Rosinensemmeln
200 g Crème fraîche

oans Für die Zwiebeln die Metzgerzwiebeln schälen, halbieren und in 1 cm breite Streifen schneiden. In einer Pfanne das Öl erhitzen und die Zwiebeln darin bei mittlerer Hitze 10–12 Minuten goldgelb schmoren. Den Zucker dazugeben und mit einem Holzlöffel so lange verrühren, bis er vollständig geschmolzen ist. Mit dem Rotwein ablöschen und etwa 10 Minuten köcheln lassen, bis die Flüssigkeit fast verdampft ist. Inzwischen die Petersilie waschen, trocken tupfen, die Blätter von den Stängeln zupfen und fein hacken. Die gegarten Zwiebeln mit den Gewürzen abschmecken und die gehackte Petersilie dazugeben.

zwoa Für die Leber die Butter in einer Pfanne schmelzen. Die Kalbslebermedaillons im Mehl wälzen und bei mittlerer Hitze von beiden Seiten in der Butter etwa 5 Minuten braten. Anschließend mit Salz und Pfeffer würzen und auf Küchenpapier abtropfen lassen.

drei Den Backofen auf 180 °C (Ober-/Unterhitze) vorheizen. Zum Servieren die Äpfel waschen, vierteln, vom Kerngehäuse befreien und in dünne Spalten schneiden. Von der Brunnenkresse die Blätter und die zarten Stiele zupfen, waschen und trocken schleudern.

viere Die Apfelspalten in einer Pfanne in der Butter leicht anbraten. Die Rosinensemmeln quer halbieren und im Ofen 4–5 Minuten toasten. Alle Hälften reichlich mit der Crème fraîche bestreichen. Jeweils ein gebratenes Lebermedaillon auf einen Semmelboden legen, die geschmorten Zwiebeln darauf verteilen und die Apfelspalten darüberlegen. Mit der Brunnenkresse garnieren, den Deckel auflegen und die Burger sofort genießen.

Ganz sicha koa Mongdratzerl!

Spießbraten mit karamellisierten Zwiebeln im Annakartoffelsandwich

FÜR DIE ANNAKARTOFFELN
750 g festkochende Kartoffeln
Meersalz, geriebene Muskatnuss und weißer Pfeffer aus der Mühle
1 geschälte und halbierte Knoblauchzehe
80 g geschmolzene Butter

FÜR DIE KARAMELLISIERTEN ZWIEBELN
3 weiße Zwiebeln
1 EL Sonnenblumenöl
1 TL Zucker
je 1 Prise Salz, weißer Pfeffer aus der Mühle und edelsüßes Paprikapulver

FÜR DEN SPIESSBRATEN
1 Metzgerzwiebel
1 Prise Salz
½ Schweinehals ohne Knochen (ca. 800 g)
je 1 Prise Rauchsalz und geschroteter schwarzer Pfeffer
100 ml dunkles Bier
2–3 Stängel Majoran

AUSSERDEM
1 Bund Rauke

oans Für die Annakartoffeln den Backofen auf 180 °C (Ober-/Unterhitze) vorheizen. Die Kartoffeln schälen und mit der Mandoline in feine Scheiben hobeln. Die Scheiben mit den Gewürzen durchmischen. 8 runde Backformen mit ca. 9 cm Durchmesser mit der halbierten Knoblauchzehe einreiben und mit etwas Butter einpinseln. Die Kartoffelscheiben in die Formen schichten und mit der restlichen Butter übergießen. Im Ofen etwa 1 Stunde backen.

zwoa Für die Zwiebeln das Gemüse schälen, halbieren und in etwa 1 cm breite Streifen schneiden. In einer Pfanne das Öl erhitzen und die Zwiebeln darin bei mittlerer Hitze 20–25 Minuten goldgelb schmoren. Den Zucker dazugeben und unter Rühren schmelzen lassen. Mit Salz, Pfeffer und Paprika abschmecken. Warm stellen.

drei Für den Spießbraten die Zwiebel schälen und in feine Würfel schneiden. In eine Reine geben, etwas salzen und 10 Minuten ruhen lassen, damit sie Wasser zieht. Das Fleisch mit Rauchsalz und Pfeffer würzen und in der Reine mit den Zwiebelwürfeln einreiben. Abgedeckt im Kühlschrank mehrere Stunden, am besten über Nacht ziehen lassen.

viere Den Backofen auf 160 °C (Ober-/Unterhitze) vorheizen. Die Abdeckung von der Reine abnehmen und das Fleisch im Ofen etwa 2½ Stunden garen.

fünfe Den Braten herausnehmen. Den Bratensaft durch ein feines Sieb in einen Topf passieren und mit dem Bier etwa 15 Minuten kochen, bis er um die Hälfte reduziert ist. Währenddessen den Majoran waschen, trocken tupfen, Blättchen von den Stängeln zupfen und grob hacken. Zur Sauce geben und mit Salz und Pfeffer abschmecken.

sechse Zum Servieren die Rauke waschen, trocken tupfen und die groben Stiele entfernen. Vier Portionen Annakartoffeln auf vorgewärmte Teller geben, den Spießbraten aufschneiden und auf die Kartoffeln legen. Die Zwiebeln darüber verteilen, mit Sauce beträufeln und mit der Rauke garnieren. Die restlichen Annakartoffeln als »Deckel« aufsetzen. Heiß genießen!

NON-FINGER-
FOOD
Burger

Das Handfests

Kalbfleischpflanzerl-Nussbrot-Sandwich mit selbst gemachtem Hagebuttensenf und Frischkäse

FÜR DEN HAGEBUTTENSENF
250 g reife Hagebutten
Saft von ½ Zitrone
1 EL Cointreau
250 g Gelierzucker
250 g körniger Dijon-Senf
je 1 Prise Fleur de Sel und gemahlene Koriandersamen

FÜR DIE KALBFLEISCHPFLANZERL
100 ml Milch
100 g Knödelbrot
2–3 Stängel Majoran
1 große Zwiebel
400 g Kalbshackfleisch (5 mm gewolft)
100 g fettes Rinderhackfleisch, z. B. vom Bauch (3 mm gewolft)
1 Ei
1 EL mittelscharfer Senf
Salz und schwarzer Pfeffer aus der Mühle
Butterschmalz zum Braten

FÜR DIE SANDWICHES
8 Blätter Lollo Bionda
1–2 Lauchzwiebeln
12 Scheiben Nussbrot
100 g Frischkäse
Spieße zum Fixieren

oans Für den Senf die Hagebutten halbieren und entkernen. Unter kaltem Wasser gründlich abwaschen. In einem Topf mit Zitronensaft, Cointreau und Gelierzucker bei kleiner Hitze weich kochen, dabei regelmäßig umrühren. Mit dem Pürierstab fein mixen, durch ein Sieb streichen und abkühlen lassen. Anschließend mit dem Senf verrühren und mit Salz und Koriander abschmecken.

zwoa Für die Pflanzerl die Milch in einem kleinen Topf erhitzen, den Topf vom Herd nehmen und das Knödelbrot darin einweichen. Abkühlen lassen.

drei Den Majoran waschen, trocken tupfen und die Blätter von den Stängeln zupfen. Die Zwiebel schälen und in kleine Würfel schneiden. Das Hackfleisch in eine große Schüssel geben und mit Ei, Senf und den Gewürzen kräftig durchkneten.

viere Mit angefeuchteten Händen aus der Fleischmasse 8 Pflanzerl formen und in einer Pfanne mit reichlich Butterschmalz etwa 8 Minuten braten. Anschließend auf Küchenpapier abtropfen lassen.

fünfe Zum Servieren den Salat waschen und trocken tupfen. Die Lauchzwiebeln putzen, in Ringe schneiden und in einem Sieb unter kaltem Wasser abwaschen. Die Nussbrotscheiben im Toaster rösten, großzügig mit Frischkäse bestreichen.

sechse Je eine Scheibe Brot mit einem Salatblatt und einem warmen Kalbfleischpflanzerl belegen. Den Hagebuttensenf darauf streichen, mit Lauchzwiebelringen garnieren und je eine Scheibe Brot auflegen. Mit den restlichen Zutaten genauso verfahren. Die Sandwiches mit einem Spieß fixieren und warm genießen.

Tipp

FÜR EILIGE FUNKTIONIERT DAS REZEPT NATÜRLICH AUCH MIT HAGEBUTTENMUS, Z. B. AUS DEM REFORMHAUS.

Hopfa und Moiz – God dahoids!

Käsekrainer mit Bockbier-Senf und Mixed Pickles in der Seele

FÜR DEN SENF
2 Knoblauchzehen
¼ l dunkles Bockbier
150 g körniger Dijon-Senf
100 g mittelscharfer Senf
1 EL brauner Zucker
je 1 Prise Salz, schwarzer Pfeffer aus der Mühle, gemahlener Piment und gerebelter Majoran

FÜR DIE BURGER
200 g Mixed Pickles
12 Blätter Eisbergsalat
1 kleines Bund Schnittlauch
4 Käsekrainer
Öl zum Braten
4 Seelen mit Salz und Kümmel
200 g Mayonnaise

oans Für den Senf den Knoblauch schälen und ganz fein hacken. In einem kleinen Topf das Bier mit dem Knoblauch bei mittlerer Hitze etwa 10 Minuten köcheln und dann abkühlen lassen. In einer Schüssel die beiden Senfsorten mit dem Zucker und dem eingekochten Bier verrühren und mit den Gewürzen abschmecken.

zwoa Den Backofen auf 160 °C (Ober-/Unterhitze) vorheizen. Zum Servieren die Mixed Pickles abgießen und in Würfel schneiden. Den Eisbergsalat waschen, trocken tupfen und in feine Streifen schneiden. Den Schnittlauch waschen, trocken tupfen und in feine Röllchen schneiden. Die Käsekrainer in einer Pfanne mit etwas Öl braten, dabei mehrmals wenden.

drei Die Seelen der Länge nach dem Messer so einschneiden, dass sie an einer Seite noch zusammenhängen. Im Backofen 4–5 Minuten toasten. Die Innenseite der unteren Seelenhälften mit der Mayonnaise bestreichen, den Salat darauf verteilen und jeweils ein Würstchen in die Seele legen. Mit dem Senf bestreichen und mit den Mixed Pickles und dem Schnittlauch garnieren.

→ *Tipp*

SCHMECKT AUCH SUPER MIT EINGELEGTER ROTER BETE!

Guad

A weng is ned gnua

Laugenstangerl-Sandwich mit Bierbratwurst, Senfzwiebeln und Briekäse

FÜR DIE SANDWICHES
4 rohe Rostbratwürste
300 ml helles Bier
200 g Briekäse
etwas Öl
4 Laugenstangerl

FÜR DIE SENFZWIEBELN
3 weiße Zwiebeln
1 EL Sonnenblumenöl
1 TL brauner Farinzucker
2 EL mittelscharfer Senf
je 1 Prise Salz, weißer Pfeffer aus der Mühle, edelsüßes Paprikapulver und gerebelter Majoran

oans Für die Sandwiches die Bratwürste mit einer Gabel mehrmals einstechen, in eine flache Auflaufform legen und mit dem Bier übergießen. Mindestens 4 Stunden im Kühlschrank marinieren.

zwoa Für die Senfzwiebeln die Zwiebeln schälen, halbieren und in ca. 1 cm breite Streifen schneiden. In einer Pfanne das Öl erhitzen und die Zwiebeln darin bei mittlerer Hitze 20–25 Minuten goldgelb schmoren. Den Zucker dazugeben und mit einem Holzlöffel so lange verrühren, bis er vollständig geschmolzen ist. Den Senf dazugeben und 2–3 Minuten mitköcheln lassen. Mit den Gewürzen abschmecken. Warm stellen.

drei Den Backofen auf 180 °C (Ober-/Unterhitze) vorheizen. Den Briekäse in dünne Scheiben schneiden. Die Würste aus der Marinade nehmen, trocken tupfen und in einer Pfanne mit etwas Öl von allen Seiten goldbraun anbraten. Herausnehmen und auf Küchenpapier abtropfen lassen.

viere Die Laugenstangerl der Länge nach durchschneiden und im Backofen 4–5 Minuten toasten. Die unteren Hälften mit den Briekäsescheiben belegen, die Würste daraufgeben, die Senfzwiebeln darüber verteilen, die oberen Laugenstangerlhälften auflegen und die Sandwiches noch heiß genießen.

Tipp

DIE WÜRSTE SCHMECKEN AUCH SEHR LECKER VOM HOLZKOHLENGRILL.

Kikeriki Burger

Gezupftes Bierdosen-Grillhendl mit Eiersalat im Laugensemmerl

FÜR DAS HENDL
1 Hähnchen (ca. 1400 g)
je 2–3 Zweige Oregano und Thymian
Saft von 1 Orange
Salz
2 EL brauner Zucker
5 EL Sojasauce
1 EL mittelscharfer Senf
je 1 Prise grobes Meersalz, Cayennepfeffer, edelsüßes Paprikapulver und geschroteter bunter Pfeffer
1 Dose helles Bier (½ l)

FÜR DEN EIERSALAT
6 frische Bio-Eier
1–2 Stängel Dill
200 g Mayonnaise
60 g Mango-Chutney
50 ml Apfelessig
je 1 Prise Meersalz, mildes Madras-Currypulver und schwarzer Pfeffer aus der Mühle

FÜR DIE BURGER
4–8 Blätter Eichblattsalat
1 kleine rote Zwiebel
1 rote Spitzpaprika
1 Beet Kresse
4 Laugensemmeln
nach Wunsch einige Stängel Dill zum Garnieren
Spieße zum Fixieren

oans Für das Hendl den Backofen auf 180 °C (Ober-/Unterhitze) vorheizen. Das Hähnchen waschen und gut trocken tupfen. Den Oregano und den Thymian waschen, trocken tupfen, die Blätter von den Stängeln zupfen und grob hacken. Aus Orangensaft, Salz, Zucker, Sojasauce, Senf, Kräutern und Gewürzen eine Marinade anrühren.

zwoa Die Bierdose öffnen und einen großen Schluck abtrinken, Prost! Dann auf ein Backblech stellen und das Hähnchen so weit wie möglich auf die Dose stülpen. In die unterste Schiene im Ofen schieben und 70–80 Minuten braten (grillen). Das Bier aus der Dose verdampft beim Garen und macht das Hähnchen unvergleichlich saftig und zart.

drei Für den Salat die Eier hart kochen, pellen und abkühlen lassen. Den Dill waschen, trocken tupfen und die Spitzen fein schneiden. Die Mayonnaise, das Chutney und den Apfelessig zu einer cremigen Sauce verrühren. Mit Salz, Currypulver, Pfeffer und Dill abschmecken. Die Eier grob hacken und mit dem Dressing mischen.

viere Das Hähnchen etwas abkühlen lassen. Von der Dose nehmen und das Fleisch am besten mit zwei Gabeln von den Knochen zupfen.

fünfe Zum Servieren die Salatblätter in grobe Stücke zupfen, waschen und trocken tupfen. Die Zwiebel schälen und in dünne Ringe schneiden. Die Paprika halbieren, entkernen, waschen und in Streifen schneiden. Die Kresse vom Beet abschneiden. Nach Wunsch Dill waschen und trocken tupfen.

sechse Die Laugensemmeln aufschneiden und im Backofen 4–5 Minuten toasten. Die unteren Hälften mit dem Eiersalat bestreichen, mit Salat und Zwiebeln garnieren. Das gezupfte Hähnchen, Paprika und Eiersalat darüber verteilen. Mit Kresse und ggf. Dill garnieren. Zuklappen, nach Bedarf mit einem Spieß fixieren und warm servieren.

Tipp

EIN TOLLES REZEPT, UM BIERHENDL-RESTE VON DER PARTY AM VORTAG ZU VERWENDEN.

Des Bayern Leibspeis'

Leberkas-Bavesen mit süßsaurer Essiggurkensalsa

FÜR DIE SALSA

1 kleine Zwiebel
200 g Essiggurkenwürfel aus dem Glas
1 TL gelbe Senfkörner
1 EL Zucker
1 Prise gemahlener Koriander
1–2 Zweige Dill
2 TL Kartoffelstärke
je 1 Prise Meersalz und weißer Pfeffer aus der Mühle

FÜR DIE LEBERKAS-BAVESEN

300 ml Milch
4 Eier
je 1 Prise Zucker, Salz, weißer Pfeffer aus der Mühle und frisch geriebene Muskatnuss
8 Scheiben trockenes Weißbrot
160 g süßer Senf
320 g Leberkas in dünnen Scheiben
30 g Butterschmalz

oans Für die Salsa die Zwiebel schälen und in feine Würfel schneiden. Die Essiggurkenwürfel in ein Sieb geben und den Sud auffangen. Die Senfkörner mit der Messerseite auf einem Schneidbrett leicht anquetschen. In einem Topf die Zwiebelwürfel mit dem Zucker anschwitzen, bis der Zucker hellgelb karamellisiert.

zwoa Die abgetropften Gurkenwürfel, den Koriander und die Senfkörner zu den Zwiebeln geben. Vorsicht, der Zucker wird sehr heiß, nicht verbrennen! Mit einem Holzlöffel umrühren, dann mit zwei Drittel des Essiggurkensuds aufgießen und köcheln lassen. Inzwischen den Dill waschen, trocken tupfen, die Spitzen abzupfen und grob hacken. Die Kartoffelstärke mit dem restlichen kalten Sud anrühren und die Salsa damit andicken. Mit Salz, Dill und Pfeffer abschmecken.

drei Für die Bavesen die Milch mit den Eiern und Gewürzen verrühren. Die Weißbrotscheiben jeweils auf einer Seite mit dem süßen Senf bestreichen. Mit dem Senf nach innen und dem Leberkas in der Mitte zusammenlegen. Falls der Leberkas übersteht, die Ränder abschneiden. Diese Sandwiches in eine Schale legen, mit der Eiermilch übergießen und einweichen lassen, bis die Milch aufgesogen ist.

viere Das Butterschmalz in einer beschichteten Pfanne erhitzen. Die Bavesen darin portionsweise bei mittlerer Hitze von beiden Seiten in etwa 8 Minuten knusprig braun braten. Auf Küchenpapier abtropfen lassen. Sofort warm mit der Gurkensalsa servieren.

NON-FINGER-FOOD Burger

Tipp

DIE PATTYS KÖNNEN SOFORT GEBRATEN WERDEN. IM KÜHLSCHRANK MAXIMAL EINEN HALBEN TAG AUFBEWAHREN.

Wer ko, der ko

Inside Out Burger mit doppelt Fleisch außen und herzhaftem Bergkäse »Armer-Ritter-Style« innen mit Rauke, gegrilltem Speck und Apfelsirup

FÜR DIE PATTYS
600 g kurze Rippe vom Rind
250 g Rinderhüfte
250 g fetter Brustkern vom Rind
je 1 Prise Meersalz, schwarzer Pfeffer aus der Mühle und gemahlene Senfsaat

FÜR DIE ARMEN RITTER
100 g Bergkäse
300 ml Milch
2 Eier
je 1 Prise Salz, weißer Pfeffer aus der Mühle und frisch geriebene Muskatnuss
4 Scheiben trockenes Weißbrot
40 g Butter

FÜR DIE BURGER
1 Bund Rauke
8 Scheiben durchwachsener Speck
4 TL Apfelsirup
Mayonnaise, Zwiebel- und Tomatenwürfel zum Dekorieren
Spieße zum Fixieren

oans Für die Pattys das Fleisch waschen, trocken tupfen und von Sehnen und Knorpel befreien. Alles in kleine Würfel schneiden und würzen. Das Fleisch durch die grobe Scheibe des Fleischwolfes drehen. Das grobe Hackfleisch auf einem Blech mit Folie legen und 10–15 Minuten ins Gefriergerät stellen.

zwoa Die mittlere 5-mm-Lochscheibe in den Fleischwolf einsetzen und das Fleisch erneut durchdrehen. Das Hackfleisch mit der Hand noch etwas durchmengen, damit sich Fleisch, Fett und Gewürze ganz gleichmäßig verteilen.

drei Burger-Pattys sind anders als unsere Frikadellen. Sie sind flach und werden mit etwas Druck geformt. Dazu das Fleisch in acht gleich große Teile schneiden, Kugeln formen und mit einem Nudelholz ausrollen.

viere Für die armen Ritter den Bergkäse reiben. Milch mit Eiern, Käse und Gewürzen verrühren. Die Weißbrotscheiben in eine Schale legen, mit der Eiermilch übergießen und einweichen lassen, bis die Milch aufgesogen ist. Die Butter in einer beschichteten Pfanne erhitzen. Die Brotscheiben darin portionsweise bei mittlerer Hitze von beiden Seiten etwa 8 Minuten knusprig braun braten. Auf Küchenpapier abtropfen lassen.

fünfe Zum Servieren die Rauke waschen, trocken tupfen und die dicken Stiele entfernen. Die Pattys auf dem Grill oder in einer Pfanne ohne Öl bei großer Hitze 10–12 Minuten knusprig braten. Dabei mehrmals wenden. Auf Küchenpapier etwas abtropfen lassen. In einer zweiten Pfanne den Speck knusprig braten.

sechse Auf vorgewärmten Tellern zunächst jeweils ein Patty und darauf einen noch warmen armen Ritter legen (große Scheiben ggf. halbieren). Die Rauke darauf verteilen und jeweils zwei Scheiben Speck darüberlegen. Mit dem Apfelsirup beträufeln und die restlichen Pattys darüberlegen. Mit etwas Mayonnaise, Zwiebel- und Tomatenwürfeln dekorieren, mit einem Spieß fixieren und sofort heiß genießen.

(Ned nur) Für Hartg'sottene

Gebackene Milzwurst auf Kartoffelsalatbett mit Radieserln im Sauerteigbun

FÜR DIE GEBACKENE MILZWURST

2 Eier
4 Scheiben Milzwurst (ca. 1 cm dick)
Mehl und Semmelbrösel zum Panieren
Butterschmalz zum Frittieren

FÜR DIE BURGER

1 Bund Radieserl
1 Prise Salz
1 TL Zitronensaft
4 Sauerteigsemmeln
1 Rezept Kartoffelsalat (siehe Seite 123)
Feldsalat zum Dekorieren

oans Den Backofen auf 220 °C (Ober-/Unterhitze) vorheizen. Für die Wurst die Eier in einem tiefen Teller verquirlen. Mehl und Semmelbrösel jeweils auf einen Teller geben. Die Milzwurstscheiben in Mehl wälzen, anschließend durch die verquirlten Eier ziehen und zuletzt mit den Semmelbröseln panieren. Anschließend in reichlich Butterschmalz in der Fritteuse oder einer tiefen Pfanne goldgelb backen. Dabei mehrmals wenden. Die gebackene Milzwurst aus dem Fett nehmen und auf einem Backofengitter oder Küchenpapier etwas abtropfen lassen.

zwoa Zum Servieren die Radieserl putzen, waschen und in Radl schneiden. Mit Salz und Zitronensaft würzen. Die Sauerteigsemmeln durchschneiden und im Ofen 2–3 Minuten toasten. Auf den unteren Hälften jeweils etwas Kartoffelsalat verteilen. Jeweils eine Scheibe knusprig gebackene Milzwurst darauflegen und den restlichen Kartoffelsalat darauf verteilen. Mit den Radieserln und dem Feldsalat garnieren, die oberen Hälften auflegen und sofort heiß servieren.

Tipp

FALLS SIE KEIN FAN VON MILZWURST SIND, TAUSCHEN SIE DIESE EINFACH GEGEN EINE JAGDWURST ODER EINEN BIERSCHINKEN AUS.

Speckst di nieder

Rahmfleckerl-Sandwich mit schwarzgeräuchertem Karreespeck, Rauke und Kamille

FÜR DEN RAHMFLECKERL-TEIG

200 g Dinkelvollkornmehl
250 g Weizenmehl (Type 405)
¼ l lauwarmes Wasser
½ Packung Trockenbackhefe
1 TL Zucker
2 EL Sonnenblumenöl
1 TL Salz
je 1 Prise schwarzer Pfeffer aus der Mühle und frisch geriebene Muskatnuss

FÜR DAS RAHMFLECKERL-SANDWICH

400 g Schmand
Fleur de Sel, weißer Pfeffer aus der Mühle und frisch geriebene Muskatnuss
1 Bund Lauchzwiebeln
50 g geriebener Parmesan
2 Bund Rauke
1 TL Apfelbalsamessig
1 TL Walnussöl
200 g schwarzgeräucherter Karreespeck (dünn aufgeschnitten)
gehackte Walnüsse und Viola- oder Kamillenblüten zum Dekorieren

oans Für den Teig das Dinkel- und Weizenmehl in einer großen Schüssel mischen und in die Mitte eine Vertiefung drücken. Das Wasser hineingeben, die Hefe und den Zucker dazugeben und etwas Mehl hineinmischen. Den Vorteig an einem warmen Ort etwa 10 Minuten gehen lassen.

zwoa Anschließend mit dem restlichen Mehl in der Schüssel, dem Sonnenblumenöl, Salz, Pfeffer und Muskatnuss zu einem glatten Teig kneten. Wenn der Teig zu klebrig ist, noch etwas Mehl dazugeben. An einem warmen Ort zugedeckt etwa 30 Minuten gehen lassen, bis sich das Volumen deutlich vergrößert hat. Den Teig in vier gleich große Teile schneiden, zu Kugeln formen und nochmals 15–20 Minuten gehen lassen. Auf einer bemehlten Fläche zu ovalen Zungen ca. 3 mm dick ausrollen.

drei Den Backofen auf 220 °C (Ober-/Unterhitze) vorheizen. Zum Servieren den Schmand mit Salz, Pfeffer und Muskatnuss abschmecken. Die Lauchzwiebeln putzen, in Ringe schneiden, in einem Sieb mit kaltem Wasser gründlich waschen und gut abtropfen lassen.

viere Die ausgerollten Teiglinge gleichmäßig mit dem Schmand bestreichen, den Parmesan und die Lauchzwiebelringe darüberstreuen und im vorgeheizten Backofen 10–12 Minuten knusprig backen. Währenddessen die Rauke waschen, trocken tupfen und die Stiele entfernen. Je eine Hälfte der fertigen Rahmfleckerl mit Rauke belegen und mit Essig und Öl träufeln. Den Speck gleichmäßig verteilen, mit Walnüssen und Blüten dekorieren und jeweils zusammenklappen. Die Fleckerl warm und knusprig servieren.

Dahoam is am scheensten

Burger mit gegrilltem Leberkas und »Birnen-Bohnen-Speck« in der Kürbiskernsemmel

ZUTATEN

4 Blätter Endiviensalat
4 Scheiben Leberkas (à 140 g)
8 Scheiben Frühstücksspeck
4 Kürbiskernsemmeln
120 g Schmelzkäse
1 Rezept Bohnen-Speck-Salat mit Birnen (siehe Seite 109)
Kresse zum Dekorieren

oans Den Backofen auf 180 °C (Ober-/Unterhitze) vorheizen. Die Salatblätter waschen und trocken tupfen. Den Leberkas in einer Grillpfanne von beiden Seiten etwa 5 Minuten anbraten. In einer zweiten Pfanne den Frühstücksspeck knusprig braten.

zwoa Die Kürbiskernsemmeln halbieren und im Ofen 2–3 Minuten toasten. Alle Schnittflächen mit dem Schmelzkäse bestreichen. Den Endiviensalat auf den vier unteren Semmelhälften verteilen und je eine Scheibe Leberkas darauflegen. Den Bohnen-Speck-Salat auf dem Leberkas verteilen, die gebratenen Speckscheiben darüberlegen und mit der Kresse garnieren. Den Deckel anlegen und warm servieren.

Tipp

DIE SCHÖNSTE MUSIKALISCHE HOMMAGE AN DEN LEBERKAS AUF YOUTUBE: DIE SPRITBUAM MIT »VOLLEGAS LEBERKAS« (OFFICIAL VIDEO).

Pfundig

Nimm ois, ko mi ned entscheid'n

Bavarian Surf & Turf: Angebratener Rindertatar mit Flusskrebsen in Cocktailsauce im Blätterteiglaugeneck

FÜR DAS TATAR

600 g mageres Rindfleisch, am besten Filet
2–3 Schalotten
2 EL feine Kapern
4–6 Sardellenfilets
2–3 Stängel Blattpetersilie
2 Eigelb
je 1 EL mittelscharfer Senf und Tomatenketchup
je 1 Prise Fleur de Sel und schwarzer Pfeffer aus der Mühle

FÜR DIE BURGER

4–8 Blätter Kopfsalat
2 Stängel Dill
1–2 Strauchtomaten
1–2 Lauchzwiebeln
4 Blätterteig-Laugenecken
2 EL Öl
1 Rezept marinierte Flusskrebse (siehe Seite 69)
Holzspieße zum Fixieren

oans Für das Tatar das Fleisch von Sehnen befreien, in hauchdünne Scheiben schneiden und ganz fein würfeln. Die Schalotten schälen und fein würfeln. Die Kapern abtropfen lassen und grob hacken. Von den Sardellenfilets das Öl abtupfen und die Filets fein hacken. Die Petersilie waschen, trocken tupfen, die Blättchen von den Stängeln zupfen und fein hacken.

zwoa Das Fleisch in eine Schüssel geben und zusammen mit allen Zutaten gründlich durchkneten. Mit Salz und Pfeffer abschmecken. In 4 Portionen teilen, zu Pattys formen und kalt stellen.

drei Den Backofen auf 180 °C (Ober-/Unterhitze) vorheizen. Zum Servieren den Kopfsalat in grobe Stücke zupfen, waschen und trocken tupfen. Den Dill waschen, trocken tupfen und die Spitzen von den Stängeln zupfen. Die Tomaten waschen, vom Strunk befreien und in Scheiben schneiden. Die Lauchzwiebeln putzen, in Ringe schneiden, in einem Sieb waschen und abtropfen lassen.

viere Eine große Pfanne auf dem Herd vorheizen. Die Laugenecken quer halbieren und im Backofen 4–5 Minuten toasten. Die Rindertatar-Pattys im Öl von beiden Seiten je 1 Minute scharf anbraten.

fünfe Den Kopfsalat und die marinierten Flusskrebse auf den unteren Hälften der Laugenecken verteilen und die angebratenen Pattys darauflegen. Mit den Tomatenscheiben, Lauchzwiebelringen und Dill garnieren, die Deckel der Laugenecken auflegen, mit einem Holzspieß fixieren und sofort servieren.

Tipp

ALTERNATIV ZUM HANDGESCHNITTENEN TATAR KANN NATÜRLICH AUCH EIN FLEISCHWOLF BENUTZT WERDEN ODER MAN VERWENDET FERTIGES TATAR VOM METZGER.

Brauchst ned zuzln

Weißwurstradl-Burger mit Wirsingsalat und süßem Senfdressing

FÜR DIE WEISSWURSTRADL
4 Weißwürste
2 Eier
Mehl und Semmelbrösel zum Panieren
Butterschmalz zum Frittieren

FÜR DIE BURGER
¼ rote Paprikaschote
4 Laugensemmeln
80 g Mayonnaise
80 g süßer Senf
1 Rezept Wirsingkrautsalat (siehe Seite 120)
Kresse zum Dekorieren

oans Für die Weißwurstradl die Weißwürste pellen und in etwa 1 cm dicke Radl schneiden. Die Eier verquirlen. Mehl und Semmelbrösel jeweils auf einen Teller geben. Die Wurstscheiben zuerst in Mehl wälzen, anschließend durch die Eier ziehen und zuletzt in Semmelbröseln wenden.

zwoa Die panierten Wurstscheiben in reichlich heißem Butterschmalz in der Fritteuse oder in einer tiefen Pfanne 5–7 Minuten ausbacken. Dabei mehrmals wenden. Die fertigen Wurstradl auf Küchenpapier etwas abtropfen lassen.

drei Den Backofen auf 180 °C (Ober-/Unterhitze) vorheizen. Zum Servieren die Paprikaschote entkernen, waschen und in kleine Würfel schneiden. Die Laugensemmeln halbieren und im Backofen mit den Schnittflächen nach oben 2–3 Minuten toasten. Die unteren Semmelhälften dünn mit Mayonnaise und Senf bestreichen. Den Wirsingsalat darauf verteilen und mit frisch gebackenen Weißwurstradln belegen. Mit den Paprikawürfeln und frischer Kresse garnieren, zuklappen und heiß servieren.

Tipp

WER ES LIEBER VEGETARISCH MÖCHTE, KANN GEBACKENE CHAMPIGNONS STATT DER WEISSWURST VERWENDEN.

Hax'nburger

Gezupfte Schweinshaxen mit Chili-Mayo in der Kartoffelsemmel

FÜR DIE SCHWEINSHAXEN

2 hintere Schweinshaxen (à ca. 1400 g)
je 1 Prise Salz, schwarzer Pfeffer aus der Mühle und gemahlener Kümmel
100 ml dunkles Bier
1 TL Butter
1–2 TL Mehl

FÜR DIE CHILI-MAYO

3 Eigelb
30 ml Weißweinessig
350 ml Öl
150 ml Chilisauce (z. B. von Sriracha)
je 1 Prise Zucker, Salz, edelsüßes Paprikapulver und gerebelter Oregano

FÜR DIE BURGER

4 Blätter Eisbergsalat
1 Fleischtomate
1 rote Zwiebel
4 Kartoffelsemmeln
Chilischoten zum Dekorieren
Schaschlikspieße zum Fixieren

oans Für die Schweinshaxen den Backofen auf 180 °C (Ober-/Unterhitze) vorheizen. Einen kleinen Topf mit Wasser auf den Ofenboden stellen. Die Haxen mit kaltem Wasser waschen und trocken tupfen. Die Haut mit einem scharfen Messer rautenförmig einschneiden und mit Salz, Pfeffer und Kümmel würzen. Die Haxen in ein Reindl stellen und 2½–3 Stunden im Ofen garen. Gelegentlich das Wasser im Topf auffüllen, damit die Haxen schön saftig werden.

zwoa Wenn das Fleisch fast gar ist, den Topf aus dem Ofen nehmen und die Temperatur auf 220 °C erhöhen, damit die Kruste schön resch wird. Die Haxen aus dem Ofen nehmen und etwas abkühlen lassen. Die Kruste abschneiden und flach auf ein Blech legen. Das Fleisch mit zwei Gabeln in grobe Stücke zerzupfen.

drei Den Bratensaft durch ein Sieb in einen kleinen Topf passieren, das Bier dazugeben und zum Kochen bringen. Die Butter schmelzen, das Mehl einrühren, bis keine Klumpen mehr vorhanden sind, und in die Sauce rühren. Etwa 10 Minuten köcheln lassen. Das Fleisch zur Sauce geben, einmal aufkochen, den Herd ausschalten und ziehen lassen.

viere Für die Chili-Mayo die Eigelbe und die Hälfte des Essigs verrühren und unter kräftigem Rühren mit einem Schneebesen das Öl langsam unterschlagen, bis es emulgiert ist. Chilisauce, restlichen Essig, Zucker und Salz in die Mayonnaise rühren und mit Paprika und Oregano abschmecken.

fünfe Den Backofen auf 180 °C (Ober-/Unterhitze) vorheizen. Zum Servieren den Eisbergsalat waschen und trocken tupfen. Die Tomate waschen, den Strunk entfernen und in Scheiben schneiden. Die Zwiebel schälen und in dünne Ringe schneiden. Die Kartoffelsemmeln halbieren und im Ofen 3–4 Minuten toasten. Die unteren Hälften jeweils mit Chili-Mayo bestreichen. Mit Salat, Tomaten und Zwiebeln belegen und das warme, gezupfte Haxenfleisch darauf verteilen. Mit der restlichen Chili-Mayo beträufeln. Die Semmeln zuklappen, nach Bedarf jeweils mit einem Schaschlikspieß fixieren und mit Kruste und Chilischoten garnieren.

Wuidsau Burger

Wildschweinpflanzerl mit marinierten Champignons und Schnittlauch-Schmand in der Kümmelsemmel

FÜR DIE WILDSCHWEINPFLANZERL
100 g Sahne
100 g Knödelbrot
1 Bund Blattpetersilie
1 kleine Zwiebel
600 g Hackfleisch vom Wildschwein (5 mm gewolft)
100 g fetter Speck (3 mm gewolft)
1 Ei
1 EL körniger Dijon-Senf
Salz, geschroteter schwarzer Pfeffer
edelsüßes Paprikapulver, gemahlener Piment, gemahlene Wacholderbeeren und frisch geriebene Muskatnuss
Schweinenetz zum Einwickeln
Butterschmalz zum Braten

FÜR DEN SCHNITTLAUCHSCHMAND
200 g Schmand
1 Bund Schnittlauch
etwas Salz und schwarzer Pfeffer aus der Mühle

FÜR DIE CHAMPIGNONS
2 Knoblauchzehen
250 g Champignons
3–4 EL Walnussöl
je 1 Prise Salz, schwarzer Pfeffer aus der Mühle und edelsüßes Paprikapulver
1 EL dunkler Bieressig

FÜR DIE BURGER
4 Blätter Eichblattsalat
4 Cocktailstrauchtomaten
4 Kümmelsemmeln
Violablüten und Sprossen zum Dekorieren

oans Für die Pflanzerl die Sahne in einem kleinen Topf erhitzen, vom Herd nehmen und das Knödelbrot darin einweichen. Abkühlen lassen.

zwoa Die Petersilie waschen, trocken tupfen, die Blätter von den Stängeln zupfen und fein hacken. Die Zwiebel schälen und in kleine Würfel schneiden. Das Hackfleisch mit dem fetten Speck in eine große Schüssel geben und mit allen übrigen Zutaten für die Pflanzerl kräftig durchkneten. Abschmecken. Mit angefeuchteten Händen aus der Fleischmasse 4 Pflanzerl formen, in das Schweinenetz einwickeln und in einer Pfanne mit etwas Butterschmalz von beiden Seiten etwa 15 Minuten knusprig braun anbraten. Anschließend auf Küchenpapier abtropfen lassen.

drei Für den Schmand den Schnittlauch waschen, trocken tupfen und in feine Röllchen schneiden. In den Schmand rühren und mit Salz und Pfeffer abschmecken.

viere Den Backofen auf 180 °C (Ober-/Unterhitze) vorheizen. Für die Champignons den Knoblauch schälen und fein hacken. Die Champignons putzen und vierteln. In einer großen Pfanne das Walnussöl erhitzen und die Champignons darin anbraten. Zum Schluss den gehackten Knoblauch dazugeben, kurz mitbraten. Mit Salz, Pfeffer und Paprika würzen, den Bieressig dazugeben. Einmal durchschwenken, vom Herd nehmen und ziehen lassen.

fünfe Zum Servieren den Salat waschen und gut trocken tupfen. Die Tomaten waschen und in Würfel schneiden oder vierteln. Die Semmeln halbieren und im Ofen 3–4 Minuten toasten. Je ein Salatblatt auf die unteren Hälften der Semmeln legen. Die Champignons mit einem Schaumlöffel aus der Pfanne nehmen, auf Küchenpapier etwas abtropfen lassen und auf dem Salat verteilen. Mit den Tomatenwürfeln bzw. -vierteln garnieren und je einen Löffel Schnittlauchschmand darübergeben. Die Wildschweinpflanzerl auf die Pilze legen und mit dem restlichen Schmand sowie Blüten und Sprossen garnieren. Die oberen Semmelhälften darauflegen.

Roulade = Sandwich Host mi?

Kräuterpfannkuchenroulade mit Münchner Wurstsalat

FÜR DIE PFANNKUCHEN
4 Eier
300 ml Milch
150 g Mehl
je 4–5 Stängel Petersilie, Dill und Kerbel
je 1 Prise Salz, schwarzer Pfeffer aus der Mühle und Zucker
Butterschmalz zum Braten

AUSSERDEM
1 Rezept Münchner Wurstsalat (siehe Seite 124)
1 Strauchtomate oder 4 Cocktailstrauchtomaten
100 g Sauerrahm
100 g körniger Dijon-Senf

oans Für die Pfannkuchen die Eier mit der Milch schaumig rühren und das Mehl dazugeben. Die Kräuter waschen, trocken tupfen, einen Teil der Kräuterstängel zum Dekorieren beiseitelegen. Von den restlichen Stängeln die Blättchen abzupfen und fein hacken. Zum Teig geben und abschmecken.

zwoa Den Backofen auf 80 °C (Ober-/Unterhitze) vorheizen. In einer beschichteten Pfanne etwas Butterschmalz erhitzen und nur so viel Teig in die Pfanne geben, dass der Boden dünn bedeckt ist. Den Pfannkuchen bei mittlerer Hitze anbraten. Vor dem Wenden vom Rand her etwas Butterschmalz in die Pfanne laufen lassen, damit der Pfannkuchen nicht klebt. Wenn der Pfannkuchen auf beiden Seiten goldgelb gebacken ist, aus der Pfanne nehmen und auf einem Teller im Backofen warm halten. Nacheinander insgesamt vier Pfannkuchen backen.

drei Den Wurstsalat in ein Sieb geben und abtropfen lassen.

viere Die Tomate waschen, vom Strunk befreien und in Würfel schneiden bzw. die Cocktailtomaten waschen und vierteln. Den Sauerrahm mit dem Senf verrühren. Die Pfannkuchen auf vorgewärmte Teller legen und mit der Sauce bestreichen. Den Wurstsalat darauf verteilen, die Pfannkuchen einrollen, halbieren und mit den Kräutern und den Tomatenwürfeln dekorieren.

Tipp

LÄSST SICH GUT VORBEREITEN UND ZUM PICKNICK MIT AUF DIE ALM NEHMEN.

Tipp

DAS PESTO KANN GUT VORBEREITET WERDEN UND HÄLT IN EINEM VERSCHLOSSENEN GLAS IM KÜHLSCHRANK ETWA EINE WOCHE.

A Gruaß vo de liabn Nachbarn

Backhendl-Burger mit Roter Bete und Kürbiskernpesto

FÜR DAS KÜRBISKERNPESTO
1–2 Stängel Petersilie
1 Knoblauchzehe
100 g Kürbiskerne
je 1 Prise Salz und schwarzer Pfeffer aus der Mühle
Saft von ½ Zitrone
50 g geriebener Parmesan
200 ml Olivenöl

FÜR DIE BACKHENDLBRUST
4 Hähnchenbrustfilets oder 2 halbierte, ausgelöste Hähnchenbrüste mit Haut
Saft von 1 Zitrone
je 1 Prise Salz, schwarzer Pfeffer aus der Mühle und gemahlener Kümmel
3 Eier
Mehl und Semmelbrösel zum Panieren
Butterschmalz zum Braten

FÜR DIE BURGER
8 Blätter Eisbergsalat
4 Roggensemmeln
4 EL Mayonnaise
200 g eingelegte Rote Bete in Scheiben, abgetropft
Holzspieße zum Fixieren

oans Für das Pesto die Petersilie waschen, gut trocken tupfen und die Blätter von den Stängeln zupfen. Den Knoblauch schälen. Alle Zutaten in einen Mixer geben und das Öl in dünnem Faden hineinemulgieren.

zwoa Für die Backhendlbrust die Hähnchenbrust mit kaltem Wasser abwaschen und mit Küchenpapier trocken tupfen. Mit Zitronensaft einreiben und mit Salz, Pfeffer und Kümmel würzen. Die Eier verquirlen. Mehl und Semmelbrösel jeweils auf einen Teller geben. Die Filets im Mehl wenden, dann durch das verquirlte Ei ziehen und zuletzt in den Semmelbröseln wenden.

drei Die panierten Filets in reichlich Butterschmalz in der Fritteuse oder in einer tiefen Pfanne etwa 10 Minuten backen, dabei mehrmals wenden. Die gebackenen Filets auf Küchenpapier etwas abtropfen lassen.

viere Zum Servieren die Roggensemmeln halbieren und im Ofen mit der Schnittfläche nach oben im Salamander oder Sandwichtoaster toasten. Den Salat waschen und trocken schleudern. Die unteren Semmelhälften mit der Mayonnaise bestreichen und mit den Salatblättern belegen. Die heißen, abgetropften Backhendlbrüste darauflegen und mit dem Kürbiskernpesto bestreichen. Die Roten Beten darauf verteilen. Mit Petersilie garnieren. Die Semmeln zuklappen, mit einem Holzspieß fixieren und sofort heiß servieren.

Tipp

TRADITIONELL WIRD DAS BACKHENDL MIT KNOCHEN PANIERT UND GEBACKEN. FÜR UNSEREN BURGER NEHMEN WIR NUR DIE HÜHNERBRUST ALS FILET, ALSO OHNE KNOCHEN. DIE HAUT MUSS NICHT ENTFERNT WERDEN, SO WIRD DAS HENDL SOGAR NOCH SAFTIGER.

Gipfelstürmer Sandwich

Schwarzgeräuchertes mit Emmentaler und Sauerkraut im Vinschgerl

FÜR DAS SAUERKRAUT
1 kleine Zwiebel
400 g Sauerkraut (aus dem Glas)
100 ml Wasser
1 EL Zucker
1–2 Lorbeerblätter
je 1 Prise Salz, weißer Pfeffer aus der Mühle, frisch geriebene Muskatnuss und gemahlener Kümmel
ca. 1 EL Kartoffelstärke

FÜR DIE COCKTAILSAUCE
½ rote Paprikaschote
3–4 Stängel Petersilie
250 g Mayonnaise
2 EL Tomatenmark
2 EL Ketchup
1 EL körniger Dijon-Senf
40–50 g Zucker
Saft von ½ Zitrone
30 ml Apfelessig
1 Spritzer Cognac
je 1 Prise Salz, weißer Pfeffer aus der Mühle, Cayennepfeffer und edelsüßes Paprikapulver

FÜR DIE SANDWICHES
4 Vinschgerl
240 g schwarzgeräucherter Rückenschinken (dünn aufgeschnitten)
160 g Allgäuer Emmentaler (in Scheiben)
Cornichons, Silberzwiebeln und Feldsalat zum Dekorieren

oans Für das Sauerkraut die Zwiebel schälen, in feine Würfel schneiden und in einen Topf geben. Sauerkraut, Wasser, Zucker und Lorbeerblätter dazugeben und unter gelegentlichem Rühren zugedeckt bei kleiner Hitze 30 Minuten köcheln lassen. Mit Salz, Pfeffer, Muskatnuss und Kümmel abschmecken. Die Stärke mit etwas kaltem Wasser anrühren und das Sauerkraut damit abbinden.

zwoa Für die Cocktailsauce die Paprikaschote entkernen, waschen und in ganz feine Würfel schneiden. Die Petersilie waschen, trocken tupfen, Blättchen von den Stängeln zupfen und fein hacken. Die Mayonnaise mit allen Zutaten in eine große Schüssel geben und mit einem Schneebesen zu einer glatten Sauce verrühren. Abschmecken.

drei Den Backofen auf 180 °C (Ober-/Unterhitze) vorheizen. Zum Servieren die Vinschgerl halbieren und im Ofen 3–4 Minuten knusprig backen. Die Schnittflächen jeweils mit etwas Cocktailsauce bestreichen, mit einem Schaumlöffel das Sauerkraut etwas abtropfen lassen und auf den unteren Hälften verteilen. Mit dem Schwarzgeräucherten und den Emmentalerscheiben belegen und mit Cornichons und Feldsalat garnieren. Die oberen Semmelhälften auflegen und die Silberzwiebeln dazu reichen.

Tipp

DIESER SANDWICH IST DIE BAYRISCHE VERSION DES NEW YORKER KLASSIKERS »REUBEN SANDWICH«, DER MIT CORNED BEEF, RUSSIAN DRESSING, SAUERKRAUT, KÄSE UND ROGGENSAUERTEIGBROT ZUBEREITET WIRD.

Sauer macht lustig

Leberkas-Picknickbrot mit Gurken, Ei und Senfsauce

ZUTATEN FÜR 1 BROT

FÜR DIE SENFSAUCE
1 Bund Blattpetersilie
200 g Mayonnaise
100 g Crème fraîche
100 g mittelscharfer Senf
100 g süßer Senf
je 1 Prise Salz, weißer Pfeffer aus der Mühle, edelsüßes Paprikapulver und gemahlener Kurkuma

FÜR DAS PICKNICKBROT
4 Eier
200 g Essiggurken
1 rote Paprikaschote
1 runder Laib Weißbrot
500 g Leberkas in Scheiben

oans Für die Senfsauce die Petersilie waschen, trocken tupfen, Blättchen von den Stängeln zupfen und fein hacken. Die Petersilie und die restlichen Zutaten mit dem Schneebesen zu einer cremigen Sauce verrühren. Abschmecken. Durch das Kurkuma wird die Sauce leuchtend gelb.

zwoa Für das Picknickbrot die Eier hart kochen, schälen und abkühlen lassen. Die Eier in Scheiben schneiden. Die Essiggurken aus dem Sud nehmen, gut abtropfen lassen und in Scheiben schneiden. Die Paprikaschote halbieren, entkernen, waschen und längs in Streifen schneiden.

drei Vom Weißbrot den Deckel abschneiden und das Brot aushöhlen. Abwechselnd mit Senfsauce, Leberkas, Ei- und längs Gurkenscheiben sowie Paprika füllen. Anschließend den Deckel wieder aufsetzen. Zum Servieren das Brot wie eine Torte in Stücke schneiden.

Tipp

MIT EINGELEGTEM KÜRBIS UND ROTE-BETE-SCHEIBEN WIRD DAS PICKNICKBROT BESONDERS BUNT.

macht
schee

Vienna Calling

Sandwich mit Wiener Schnitzel, Preiselbeer-Ketchup und knackigem Salat in Zitronendressing

FÜR DEN PREISELBEER-KETCHUP
100 g Preiselbeeren
100 g Zucker
1 EL Zitronensaft
200 g Tomatenketchup

FÜR DAS ZITRONENDRESSING
1 Bio-Zitrone
1 TL mittelscharfer Senf
1 EL Honig
100 ml Olivenöl
je 1 Prise Fleur de Sel und schwarzer Pfeffer aus der Mühle

FÜR DIE WIENER SCHNITZEL
4 Scheiben Kalbsoberschale vom Metzger (à 150 g)
je 1 Prise Salz und schwarzer Pfeffer aus der Mühle
2 verquirlte Eier
Mehl und Semmelbrösel zum Panieren
Butterschmalz zum Braten

FÜR DIE SANDWICHES
4 Blätter Kopfsalat
8 Scheiben Kastenweißbrot
30 g gesalzene Butter
Petersilie und essbare Blüten zum Dekorieren

oans Für den Ketchup die Preiselbeeren waschen und in einem Sieb gut abtropfen lassen. Die Preiselbeeren mit dem Zucker und dem Zitronensaft in eine Schüssel geben. Mit dem Handrührgerät auf langsamer Stufe etwa 5 Minuten rühren, bis der Saft aus den Preiselbeeren austritt und der Zucker sich auflöst. Den Tomatenketchup dazugeben, alles zu einer glatten Sauce verrühren und etwa 1 Stunde im Kühlschrank ziehen lassen.

zwoa Für das Dressing die Zitrone waschen, abtrocknen und mit der Reibe etwas von der gelben Schale in eine Schüssel reiben. Anschließend die Zitrone halbieren und den Saft dazupressen. Senf und Honig dazugeben und ganz langsam das Olivenöl einrühren. Mit Salz und Pfeffer abschmecken.

drei Für die Schnitzel das Fleisch mit kaltem Wasser abwaschen und anschließend gut trocken tupfen. Mit Salz und Pfeffer würzen. Mehl und Semmelbrösel jeweils auf einen Teller geben. In Mehl wälzen, anschließend durch die verquirlten Eier ziehen und zuletzt mit den Semmelbröseln panieren. Anschließend in reichlich Butterschmalz in der Fritteuse oder in einer tiefen Pfanne etwa 5 Minuten goldgelb backen. Dabei mehrmals wenden. Zum Schluss auf Küchenpapier etwas abtropfen lassen.

viere Zum Servieren den Kopfsalat waschen und gut trocken tupfen. In Streifen schneiden und mit dem Zitronendressing marinieren. Die Weißbrotscheiben toasten und mit der gesalzenen Butter bestreichen. Vier Scheiben Weißbrot mit dem Kopfsalat belegen, die Wiener Schnitzel darauflegen, mit dem Preiselbeer-Ketchup bestreichen und die restlichen Brotscheiben daraufgeben. Mit Petersilie und Blüten dekorieren.

Tipp

DER KETCHUP HÄLT SICH IN EINEM VERSCHLOSSENEN GLAS IM KÜHLSCHRANK MEHRERE TAGE.

Wuiderer Sandwich

Gezupftes Schäufele mit Sauerkraut und Zwiebelschmand im Bauernkrustenbrot

FÜR DEN ZWIEBELSCHMAND
1 Bund Schnittlauch
250 g Schmand
50 g geröstete Zwiebeln
je 1 Prise Salz, fein gemahlener weißer Pfeffer und gehackte Liebstöckelblätter

FÜR DAS SAUERKRAUT
1 weiße Zwiebel
2–3 Lorbeerblätter
4–6 Nelken
1 EL mittelscharfer Senf
100 ml halbtrockener Sekt
½ TL ganzer Kümmel
600 g Sauerkraut (aus dem Glas)
1 Schäufele (vorgegart vom Metzger, ca. 800 g)
je 1 Prise Salz, Zucker, weißer Pfeffer aus der Mühle und frisch geriebene Muskatnuss
1 EL Kartoffelstärke

FÜR DIE SANDWICHES
4 Blätter Eichblattsalat
4 große Scheiben Bauernkrustenbrot

oans Für den Zwiebelschmand den Schnittlauch waschen, trocken tupfen und in feine Röllchen schneiden. Den Schmand in eine Schüssel geben, die Zwiebeln und den Schnittlauch einrühren und mit Salz, Pfeffer und Liebstöckel abschmecken. Abdecken und im Kühlschrank 1 Stunde ziehen lassen, bis die Zwiebeln aufquellen. Vor dem Servieren noch einmal durchrühren.

zwoa Für das Sauerkraut die Zwiebel schälen, halbieren und die Lorbeerblätter mit den Nelken daran feststecken. Den Senf mit dem Sekt und dem Kümmel in einen Topf geben und mit dem Schneebesen verrühren. Das Sauerkraut und die gespickten Zwiebeln dazugeben. Das Schäufele darüberlegen und bei kleiner Hitze zugedeckt etwa 30 Minuten köcheln lassen. Gelegentlich vorsichtig umrühren. Das Schäufele und die Zwiebeln herausheben. Das Kraut mit Salz, Zucker, Pfeffer und Muskatnuss abschmecken. Die Stärke mit etwas kaltem Wasser anrühren und das Sauerkraut abbinden (etwas dicker abbinden, damit das fertige Sandwich nicht zu stark aufgeweicht wird). Das Schäufele, am besten solange es noch warm ist, mit zwei Gabeln in kleine Stücke zupfen. Warm stellen.

drei Zum Servieren den Eichblattsalat in grobe Stücke zupfen, waschen und trocken tupfen. Das Bauernbrot im Toaster knusprig rösten. Auf einer Seite mit dem Zwiebelschmand bestreichen und die Scheiben bei Bedarf halbieren. Die Salatblätter darauf verteilen, je eine große Gabel warmes Sauerkraut (eventuell etwas abtropfen lassen) auf die Sandwiches geben. Das gezupfte Schäufelefleisch daraufgeben, die Sandwiches zuklappen und sofort servieren.

Tipp

DAS PERFEKTE SCHÄUFELE FÜR EIN BAUERNBROT-SANDWICH IST EINE GEPÖKELTE UND GERÄUCHERTE SCHWEINESCHULTER OHNE SCHWARTE, DIE MIT WEISSWEIN, ETWAS ESSIG, ZWIEBEL, LORBEER UND GEWÜRZNELKEN KNAPP UNTER DEM SIEDEPUNKT 2–2 ½ STUNDEN GEGART WIRD.

NON-FINGER-FOOD Burger

Tipp

IM UNWAHRSCHEINLICHEN FALL, DASS VON DEM LECKEREN BRATEN ETWAS ÜBRIG BLEIBT, DAS RESTLICHE BÖFFLAMOTT IN SCHEIBEN SCHNEIDEN, FLACH IN EINE BOX LEGEN UND MIT SAUCE BEDECKT EINFRIEREN.

Wolperdinger

Spätzletortilla-Burger mit Böfflamott und gegrillten Birnen

FÜR DAS BÖFFLAMOTT
1 kg Rinderschulter
1 Bund Suppengrün
1 Metzgerzwiebel
120 ml Rotweinessig
½ l Wasser
2 Lorbeerblätter
einige Nelken, Pfefferkörner und Wacholderbeeren
¼ l Rotwein
je 1 Prise Salz und schwarzer Pfeffer aus der Mühle
20 g Butterschmalz
1 EL Tomatenmark
1 EL schwarze Johannisbeer-marmelade

FÜR DIE SPÄTZLETORTILLAS
Blattpetersilie
4 Eier
200 g Sahne
je 1 Prise Meersalz und schwarzer Pfeffer aus der Mühle
1 Zwiebel
2 Knoblauchzehen
30 g Butter und Butter für die Formen
500 g frische Spätzle

AUSSERDEM
2 feste Birnen
20 g Butter
Wildkräutersalat, Preiselbeeren und Balsamico-Creme zum Dekorieren

oans Für das Böfflamott von der Rinderschulter Knorpel und Sehnen entfernen. In eine hohe Metallschüssel legen. Das Suppengrün putzen, waschen und in grobe Würfel schneiden. Die Zwiebel schälen und grob würfeln. Das Gemüse mit Essig, Wasser, Lorbeerblättern und Gewürzen 10 Minuten kochen lassen. Abkühlen lassen.

zwoa Das Fleisch mit Rotwein und Marinade begießen, sodass es bedeckt ist. Zugedeckt im Kühlschrank 3 Tage ziehen lassen.

drei Den Backofen auf 145 °C (Ober-/Unterhitze) vorheizen. Das Fleisch aus der Marinade nehmen, trocken tupfen und würzen. In etwas Butterschmalz von allen Seiten einige Minuten anbraten. Das Gemüse aus der Marinade nehmen, abtropfen lassen, zum Fleisch geben und kurz mitbraten. Dabei erst das Tomatenmark und dann die Marmelade dazugeben. Mit der Marinade aufgießen und zugedeckt etwa 3 Stunden schmoren lassen. Das Fleisch herausnehmen und die Sauce durch ein Sieb in einen kleinen Topf passieren. Einige Minuten köcheln lassen. Abschmecken.

viere Für die Spätzletortillas den Backofen auf 160 °C hochschalten. Die Petersilie waschen, trocken tupfen und hacken. Eier, Sahne und Petersilie verrühren. Mit Salz und Pfeffer abschmecken. Zwiebel und Knoblauch schälen, fein würfeln und in einer Pfanne mit etwas Butter anschwitzen. Die Spätzle dazugeben und erhitzen.

fünfe Acht Backförmchen oder kleine Pfannen (etwa 10 cm Durchmesser) mit Butter ausstreichen und die Spätzle darauf verteilen. Die Eiermasse darübergießen und im Ofen etwa15 Minuten garen, bis die Eiermasse gestockt ist. Aus dem Ofen nehmen und 5 Minuten abkühlen lassen. Auf Teller stürzen.

sechse Vom Böfflamott vier Scheiben abschneiden und in der Sauce erwärmen. Birnen waschen, vierteln, entkernen, längs in Scheiben schneiden und in der Butter anbraten. Nacheinander eine Tortilla, Fleisch mit etwas Sauce und die Birnenscheiben auf vorgewärmten Tellern anrichten. Mit Wildkräutern, Preiselbeeren und Balsamico dekorieren. Eine zweite Tortilla als Deckel auflegen.

Allmächd Burger

Saure Zipfel im dunklen Weckla

FÜR DIE SAUREN ZIPFEL

6 Zwiebeln
10–12 schwarze Pfefferkörner
6 Wacholderbeeren
1 l Wasser
200 ml Weinessig
1 EL Salz
6 Gewürznelken
2–3 Lorbeerblätter
16 Nürnberger Rostbratwürste

FÜR DIE WECKLA

4 Blätter Kopfsalat
4 Blätter Blaukraut
3–4 Stängel Blattpetersilie
4 dunkle Kartoffelsemmeln
100 g Frischkäse
80 g grober Dijon-Senf

oans Für die sauren Zipfel die Zwiebeln schälen, halbieren und in 5 mm breite Streifen schneiden. Die Pfefferkörner und die Wacholderbeeren auf einem Brett mit einem Pfannenboden leicht zerquetschen, sodass die Gewürze nicht zerbröseln. Für den Sud Wasser mit Essig, Salz, Nelken und Lorbeerblättern in einen Topf geben und aufkochen. Die Zwiebelstreifen hineingeben und 10 Minuten mitkochen.

zwoa Den Herd ausschalten und die Nürnberger Rostbratwürste hineinlegen. Etwa 10 Minuten ziehen lassen, bis die Würstl gar sind.

drei Den Backofen auf 200 °C (Ober-/Unterhitze, 180 °C Umluft) vorheizen. Zum Servieren den Kopfsalat und die Blaukrautblätter waschen, trocken tupfen und in feine Streifen schneiden. Die Petersilie waschen, trocken tupfen, Blättchen von den Stängeln zupfen und grob hacken. Den Salat, das Blaukraut und die Petersilie in einer Schüssel mischen.

viere Die Semmeln halbieren und im Ofen mit der Schnittfläche nach oben 3–4 Minuten toasten. Die unteren Hälften jeweils mit Frischkäse bestreichen und den Salatmix darauf verteilen.

fünfe Die sauren Zipfel aus dem heißen Sud nehmen, etwas abtropfen lassen und je 4 Stück auf die unteren Hälften der Semmeln legen. Mit der Schaumkelle die Zwiebeln aus dem Sud heben, etwas abtropfen lassen, eventuell Lorbeerblätter oder Gewürze entfernen und die Zwiebeln über die Würstl verteilen. Die oberen Semmelhälften mit dem Senf bestreichen, auf die Würste legen und heiß servieren.

Aus'm Wossa

KAPITEL 2

Forellen-Burger

Forellentatar mit gegrilltem Pfirsich im Blini

FÜR DIE BLINIS

100 g Buchweizenmehl
100 g Weizenmehl (Type 405)
2–3 EL lauwarmes Wasser
100 g Kefir
2 Eier
1 TL Honig
½ Päckchen Backpulver
1 Prise Salz
40 g Butter

FÜR DAS FORELLENTATAR

200 g frische Forellenfilets ohne Haut und Gräten
1 kleine rote Zwiebel
2 Zweige Dill
1 TL Kapern
1 kleine Strauchtomate
Saft von ½ Zitrone
1 TL grober Senf
1 EL Walnussöl
je 1 Prise Fleur de Sel und schwarzer Pfeffer aus der Mühle

AUSSERDEM

2 frische Pfirsiche (oder 4 eingelegte Hälften)
Forellenkaviar, Schmand und Dill zum Dekorieren

oans Für die Blinis alle Zutaten (außer der Butter) in einer Schüssel zu einem glatten Teig verrühren. Der Teig darf nicht zu dünn sein, damit er in der Pfanne zerläuft und die Blinis schön hoch werden.

zwoa In einer Pfanne etwas Butter schmelzen und mit einem kleinen Schöpfer ein wenig Teig in die Pfanne geben. Bei mittlerer Hitze backen, bis die Blinis anfangen, an der Oberfläche Bläschen zu werfen. Dann wenden und die andere Seite leicht bräunen. Immer wieder ein bisschen Butter in die Pfanne geben und den Vorgang so lange wiederholen, bis der Teig verbraucht ist. Die Blinis auf ein Blech legen, mit Folie abdecken und warm stellen.

drei Für das Tatar die Forellenfilets kalt abwaschen und gut trocken tupfen, in etwa 5 × 5 mm große Würfel schneiden. Die Zwiebel schälen und ebenfalls fein würfeln. Den Dill waschen, trocken tupfen und die feinen Spitzen zupfen. Die Kapern hacken. Die Tomate waschen, trocken tupfen, vierteln, entkernen und in kleine Würfel schneiden. Zitronensaft, Senf und Öl verrühren. Alle Zutaten in einer großen Schüssel vorsichtig mischen. Mit Salz und Pfeffer abschmecken und im Kühlschrank 15 Minuten ziehen lassen.

viere Zum Servieren die Pfirsiche waschen, halbieren, den Kern entfernen und das Fruchtfleisch in Spalten schneiden. Die Pfirsiche in einer Grillpfanne bei großer Hitze anbraten.

fünfe Pro Portion je zwei Blinis auf vorgewärmte Teller geben. Das Forellentatar darauf verteilen und die gegrillten Pfirsichspalten darüberlegen. Die restlichen Blinis auflegen. Mit Schmand, Kaviar und Dill dekorieren.

Wichtig

DER FISCH SOLLTE AM BESTEN DIREKT VOM FISCHHÄNDLER AUS DEM BASSIN KOMMEN UND AM SELBEN TAG VERZEHRT WERDEN.

Tipp

DAS FORELLENTATAR LÄSST SICH MITHILFE EINES KLEINEN RUNDEN AUSSTECHERS BESONDERS SCHÖN UND GLEICHZEITIG SCHNELL ANRICHTEN.

Gluck gluck Burger

Gebackener Karpfen in Mohnkruste mit Quittensenf und Friséesalat

FÜR DEN QUITTENSENF

100 g Quittengelee
100 g Dijon-Senf
1 EL Apfelessig
1 Prise Meersalz

FÜR DEN KARPFEN

4 EL Semmelbrösel
2 EL Mohn
600 g Karpfenfilet
je 1 Prise Meersalz und schwarzer Pfeffer aus der Mühle
Saft von ½ Zitrone
2 Eier
Mehl zum Wenden
Butterschmalz zum Braten

FÜR DIE BURGER

4 Blätter Friséesalat
4 Kaisersemmeln
100 g Frischkäse
Tomatenscheiben und Zwiebelringe zum Dekorieren

oans Für den Senf das Quittengelee in einem kleinen Topf etwas erwärmen, aber nicht kochen. Vom Herd nehmen, den Senf und den Essig einrühren und mit Salz abschmecken. Beiseitestellen und abkühlen lassen.

zwoa Den Backofen auf 180 °C (Ober-/Unterhitze) vorheizen. Für den Karpfen die Semmelbrösel mit dem Mohn mischen.

drei Die Karpfenfilets unter kaltem Wasser abwaschen und trocken tupfen. In acht gleich große Medaillons schneiden. Mit Salz und Pfeffer würzen und mit dem Zitronensaft beträufeln. Die Eier verquirlen. Das Mehl auf einen Teller geben. Die Medaillons in Mehl wälzen, dann durch die verquirlten Eier ziehen und zuletzt mit dem Semmelbrösel-Mohn-Gemisch panieren. Anschließend in reichlich Butterschmalz in der Fritteuse oder in einer tiefen Pfanne 8–10 Minuten goldgelb backen. Dabei mehrmals wenden. Zum Schluss auf Küchenpapier etwas abtropfen lassen.

viere Zum Servieren den Salat waschen, trocken tupfen und in kleine Stücke zupfen. Die Semmeln halbieren und mit den Schnittflächen nach oben im Backofen 3–4 Minuten toasten. Die Schnittflächen mit dem Frischkäse bestreichen. Den Salat auf den unteren Hälften verteilen, jeweils ein Karpfenmedaillon darüberlegen und mit Quittensenf bestreichen. Mit Tomaten und Zwiebeln garnieren. Mit einem zweiten Karpfenmedaillon belegen. Den Burger zuklappen und heiß genießen.

Tipp

MIT EINEM SPEZIELLEN GRILLAUFSATZ KANN DER STECKERLFISCH LEICHT ZUBEREITET WERDEN. ODER DEN GRILL MIT DER HEISSEN KOHLE AUF EINE FEUERFESTE UNTERLAGE STELLEN UND DIE STECKERL FEST IN DEN BODEN STECKEN, SODASS DER FISCH NICHT ZU WAAGERECHT ETWA 20 CM ÜBER DER GLUT HÄNGT.

Fiesch-Burger mit Saubleamaln

Steckerlfisch mit gebratenem Löwenzahn, Walnüssen und Orangensenf

FÜR DEN ORANGENSENF
100 g mittelscharfer Senf
100 g süßer Senf
200 g Orangenmarmelade
2 EL Apfelessig
50 ml Sonnenblumenöl
2 Zweige Kerbel
je 1 Prise Salz, weißer Pfeffer aus der Mühle und edelsüßes Paprikapulver

FÜR DEN STECKERLFISCH
2 Makrelen
1 Bund Petersilie
250 ml Sonnenblumenöl
Saft von 1 Zitrone
2 EL Worchestersauce
10 g Fenchelsamen
je 1 Prise grobes Meersalz und schwarzer Pfeffer aus der Mühle
Mehl zum Bestäuben
lange Holzspieße

FÜR DEN LÖWENZAHN
400 g Löwenzahnblätter
Salz
30 g Butter
50 g gehackte Walnüsse
je 1 Prise Fleur de Sel und schwarzer Pfeffer aus der Mühle

FÜR DIE BURGER
4 Laugensemmeln
100 g Frischkäse
Blattpetersilie zum Dekorieren
Holzspieße zum Fixieren

oans Für den Orangensenf Senf, Marmelade und Essig in einem Rührbecher mischen. Das Öl langsam in dünnem Faden mit einem Pürierstab unterschlagen, bis die Masse emulgiert ist. Den Kerbel waschen, trocken tupfen, die Blätter abzupfen und fein hacken. In den Senf rühren und abschmecken.

zwoa Für den Steckerlfisch die Makrelen waschen und trocken tupfen. Die Petersilie waschen, trocken tupfen, die Blätter abzupfen und hacken. Aus Öl, Zitronensaft, Worcestersauce und Fenchelsamen eine Marinade anrühren. Die Fische von innen und außen damit einreiben. In eine Reine legen, mit Petersilie füllen und mit der restlichen Marinade übergießen. Zugedeckt 2–3 Stunden kalt stellen.

drei Inzwischen den Grill anheizen und die Holzsteckerl in kaltes Wasser legen. Die Makrelen mit Salz und Pfeffer würzen, in Mehl wälzen und der Länge nach auf die Steckerl spießen. Über den Grill stecken. Zwischendurch mit der Marinade bepinseln und ab und zu den Stab drehen. Die Fische 25–30 Minuten grillen, bis die Haut goldbraun und resch ist.

viere Den Fisch etwas abkühlen lassen, die Haut und die Gräten entfernen. Die Filets mit zwei Gabeln etwas zerrupfen.

fünfe Den Backofen auf 220 °C (Ober-/Unterhitze) vorheizen. Für den Löwenzahn die Blätter in etwa 5 cm lange Stücke schneiden, waschen und abtropfen lassen. Anschließend 2–3 Minuten in Salzwasser kochen, abgießen, kalt abschrecken und gut abtropfen lassen. In einer Pfanne die Butter schmelzen, die Walnüsse etwas anrösten und den Löwenzahn mitbraten, bis er weich ist. Mit Salz und Pfeffer würzen.

sechse Zum Servieren die Laugensemmeln halbieren und mit der Schnittfläche nach oben im Backofen 3–4 Minuten toasten. Die Schnittflächen mit Frischkäse bestreichen. Den Löwenzahn auf den Unterhälften verteilen, den gezupften Steckerlfisch darüberlegen und mit Orangensenf bestreichen. Mit Petersilie dekorieren, zuklappen und mit einem Steckerl fixieren.

Seeschmankerl-Sandwich

Rauchforelle mit Schmand-Dill-Gurken im Pumpernickel

FÜR DIE DILL-GURKEN
1 große Salatgurke
etwas Salz
½ weiße Zwiebel
2–3 Zweige Dill
½ unbehandelte Zitrone
150 g Schmand
je 1 Prise Salz und weißer Pfeffer aus der Mühle

FÜR DIE SANDWICHES
150 g geräuchertes Forellenfilet
50 g zimmerwarme Butter
1 TL grober Senf
je 1 Prise Meersalz und schwarzer Pfeffer aus der Mühle
8 Blätter Radicchio
16 Scheiben Party-Pumpernickel
50 g Frischkäse
frische rote Peperoni und Dill zum Dekorieren

oans Für die Dill-Gurken die Salatgurke schälen, längs halbieren und mit einem kleinen Löffel die Kerne herausschaben. Die Hälften in feine Scheiben schneiden und mit einer Prise Salz mischen. Etwa 20 Minuten ziehen lassen, bis das Salz ausreichend Wasser aus der Gurke gezogen hat. In ein Sieb geben und gut abtropfen lassen.

zwoa Inzwischen die Zwiebel schälen und in feine Würfel schneiden. Den Dill waschen, trocken tupfen und die feinen Zweige klein hacken. Die Zitrone waschen, trocken reiben und von der Schale Zesten abziehen. Die abgetropften Gurkenscheiben in eine Schüssel geben und mit Schmand, Zwiebeln, Dill und Zitronenzesten mischen. Mit Salz und Pfeffer abschmecken.

drei Zum Servieren das Forellenfilet, die Butter und den Senf in eine Schüssel geben und mit einer Gabel zu einer groben Paste verrühren. Mit Salz und Pfeffer abschmecken.

viere Den Radicchio waschen, trocken tupfen und mit einem Ring im Durchmesser der Brotscheiben ausstechen. Acht Scheiben Pumpernickel auf einer Seite mit dem Frischkäse bestreichen und die Radicchioblätter darauf verteilen. Das Forellenmus darauf anrichten, mit den Gurken garnieren und die restlichen Brotscheiben auflegen. Mit Peperoni und Dill garnieren.

Schickeria Burger

Bachsaibling mit gegrilltem Spargel und Bärlauchpesto

FÜR DAS BÄRLAUCHPESTO
100 g Bärlauch
30 g Pinienkerne
1 Knoblauchzehe
1–2 getrocknete Tomaten in Öl
20 ml Olivenöl
80 ml Sonnenblumenöl
1 EL Zitronensaft
30 g geriebener Parmesan
1 Prise Fleur de Sel

FÜR DIE BURGER
4 Blätter Kopfsalat
4 Bachsaiblingfilets ohne Haut und Gräten
1 EL Orangensaft
250 g weißer Spargel
je 1 Prise grobes Meersalz und schwarzer Pfeffer aus der Mühle
40 g Butter
Mehl zum Wenden
4 Brioche-Semmeln
50 g Mayonnaise
Lauchzwiebelringe und Physalis zum Dekorieren
Spieße zum Fixieren

oans Für das Pesto den Bärlauch waschen und in einem Sieb gut abtropfen lassen. Die Pinienkerne in einer Pfanne bei mittlerer Hitze hellbraun anrösten. Einige Pinienkerne für die Deko beiseitestellen. Den Knoblauch schälen. Die getrocknete Tomate etwas abtropfen lassen und klein schneiden. Alle Zutaten zusammen mit Öl, Zitronensaft und Parmesan in einen Mixer geben und pürieren. Mit dem Salz abschmecken.

zwoa Für die Burger die Salatblätter waschen, trocken tupfen und in kleine Stücke zupfen. Die Fischfilets halbieren und unter kaltem Wasser abwaschen, anschließend trocken tupfen. Mit dem Orangensaft beträufeln und zugedeckt im Kühlschrank 15 Minuten ziehen lassen.

drei Inzwischen den Backofen auf 180 °C (Ober-/Unterhitze) vorheizen. Den Spargel schälen, halbieren, mit Salz und Pfeffer würzen und auf dem vorgeheizten Grill oder in der Grillpfanne anbraten. Dabei gelegentlich wenden und immer wieder mit etwas Butter bestreichen. Der Spargel braucht 15–20 Minuten, bis er gar ist. Den Spargel gelegentlich mit der Gabel anstechen, um zu prüfen, dass er nicht verkocht. Nach der Hälfte der Garzeit die Fischfilets mit Salz und Pfeffer würzen, im Mehl wenden und mit auf den Grill legen oder in einer zweiten Pfanne mit etwas Butter von beiden Seiten goldbraun anbraten.

viere Die Brioche-Semmeln im Backofen 3–4 Minuten toasten, halbieren und alle Schnittflächen mit der Mayonnaise bestreichen. Die Salatblätter auf die unteren Hälften verteilen, Fisch und Spargel darüberlegen und mit dem Pesto bestreichen. Mit Lauchzwiebelringen, Physalis und Pinienkernen garnieren. Den Burger zuklappen, nach Bedarf mit einem Spieß fixieren und heiß servieren.

Tipp

DAS PESTO HÄLT SICH IN EINEM VERSCHLOSSENEN GLAS IM KÜHLSCHRANK MEHRERE TAGE.

Kannt a bisserl deiriger wern …

Sandwich mit marinierten Flusskrebsschwänzen, Ei und Fenchel-Aprikosen-Salat

FÜR DIE FLUSSKREBSE
400 g gekochte Flusskrebsschwänze
½ Vanilleschote
150 g Mayonnaise
je 2 EL Tomatenmark und mittelscharfer Senf
4 EL Zucker
Saft von ½ Zitrone
je 4 EL Apfelessig und Cognac
je 1 Prise Salz, weißer Pfeffer aus der Mühle, Cayennepfeffer und edelsüßes Paprikapulver

FÜR DIE SANDWICHES
4 Eier
½ Kopf Eisbergsalat
4 Seelen mit Salz und Kümmel
1 Rezept Fenchel-Aprikosen-Salat (siehe Seite 117)
rote Spitzpaprikastreifen und Walnüsse zum Dekorieren

oans Für die Flusskrebse das Krebsfleisch in einem Sieb mit kaltem Wasser abwaschen, abtropfen und auf einem mit Küchenpapier ausgelegten Tablett abtrocknen lassen. Die Vanilleschote der Länge nach halbieren und das Mark herausschaben. Die Mayonnaise mit Tomatenmark, Senf, Zucker, Zitronensaft, Apfelessig und Cognac in eine große Schüssel geben und mit einem Schneebesen zu einer glatten Sauce verrühren. Mit Salz, Pfeffer, Cayennepfeffer und Paprika abschmecken. Die Flusskrebsschwänze mit einem Löffel vorsichtig unter die Sauce heben.

zwoa Den Backofen mit Grillfunktion auf 220 °C vorheizen. Zum Servieren die Eier hart kochen, mit kaltem Wasser abschrecken, pellen und in Scheiben schneiden. Den Eisbergsalat vom Strunk befreien, vierteln und in feine Streifen schneiden. Den Salat waschen und gut abtropfen lassen. Die Seelen halbieren und mit der Schnittfläche nach oben im Ofen 3–4 Minuten toasten. Die unteren Hälften mit Eisbergsalat, Eiern, Flusskrebsen und Fenchelsalat belegen. Mit Paprika und Walnüssen garnieren, zuklappen und warm servieren.

Tipp

WENN ALLE GÄSTE VOLLJÄHRIG SIND, EINEN COGNAC IM ANGEWÄRMTEN SCHWENKER DAZU SERVIEREN, STATT DIESEN FÜR DIE MARINADE ZU VERWENDEN.

Aussegrab'n und g'erntet oder einfach: mit ohne Fleisch

KAPITEL 3

Ratamadl Sandwich

Sennalpkäse in der Laugenbrez'n mit süßsaurem Zwetschgenchutney

FÜR DAS CHUTNEY

400 g Zwetschgen
1 Zwiebel
1 Knoblauchzehe
1 kleines Stück Ingwer
1 Orange
200 g Zucker
50 ml Apfelessig
1 Gewürzsäckchen mit Lorbeerblättern, Nelken, Wacholderbeeren und Sternanis
je 1 Prise Salz, schwarzer Pfeffer aus der Mühle und gemahlener Zimt

FÜR DIE BREZEN

200 g Sennalpkäse
4 resche Brezen
20 g Butter

oans Für das Chutney die Zwetschgen waschen, entkernen und vierteln. Die Zwiebel und den Knoblauch schälen und in feine Würfel schneiden. Den Ingwer schälen und reiben. Die Orange auspressen und alle Zutaten mit Zucker, Essig und Gewürzsäckchen in einen hohen Topf geben. Bei kleiner Hitze etwa 45 Minuten köcheln lassen, dabei gelegentlich umrühren. Das Gewürzsäckchen entfernen und das Chutney mit Salz, Pfeffer und Zimt abschmecken.

zwoa Zum Servieren den Käse dünn aufschneiden. Die Brezen vorsichtig halbieren und die unteren Hälften mit Butter bestreichen. Den Käse darüberlegen und mit dem Chutney garnieren. Die oberen Brezenhälften auflegen.

Tipp

DAS CHUTNEY HEISS IN GLÄSER FÜLLEN UND SOFORT DICHT VERSCHLIESSEN. SO HÄLT ES MEHRERE WOCHEN IM KÜHLSCHRANK.

Hadn-Kas-Fladen

Buchweizenpfannkuchen mit 3erlei Käse, Lauchzwiebeln und Erbsen-Minze-Dip

FÜR DIE BUCHWEIZENPFANNKUCHEN
4 Eier
300 ml Milch
100 g Buchweizenmehl
100 g Weizenvollkornmehl
je 1 Prise Salz, schwarzer Pfeffer aus der Mühle, Zucker und frisch geriebene Muskatnuss
30 g Butterschmalz

FÜR DEN ERBSEN-MINZE-DIP
1 Knoblauchzehe
1 kleine Zwiebel
20 g Butter
2 EL Weißwein
1 Prise gerebelte Liebstöckelblätter
400 g tiefgefrorene Erbsen
100 ml Wasser
2 Zweige Pfefferminze
100 g Crème fraîche
je 1 Prise Meersalz, schwarzer Pfeffer aus der Mühle und frisch geriebene Muskatnuss

AUSSERDEM
1 Bund Lauchzwiebeln
100 g Bavaria blu
200 g geriebener Allgäuer Emmentaler
100 g geriebener Parmesan
Feldsalat, Balsamicoessig und Cocktailtomaten zum Dekorieren

oans Für die Pfannkuchen die Eier mit der Milch schaumig rühren. Das Mehl dazugeben und den Teig abschmecken. In einer beschichteten Pfanne vier Pfannkuchen backen. Dafür etwas Butterschmalz erhitzen und nur so viel Teig in die Pfanne geben, dass der Boden dünn bedeckt ist. Den Pfannkuchen bei mittlerer Hitze anbraten. Vor dem Wenden vom Rand her etwas Butterschmalz in die Pfanne laufen lassen, damit der Pfannkuchen nicht klebt. Wenn der Pfannkuchen von beiden Seiten goldgelb ist, aus der Pfanne nehmen und auf einem Teller abkühlen lassen. Nacheinander vier Pfannkuchen mit etwa 25 cm Durchmesser backen.

zwoa Für den Erbsen-Minze-Dip die Knoblauchzehe und die Zwiebel schälen und fein würfeln. Die Butter in der Pfanne erhitzen, Knoblauch und Zwiebel anschwitzen und mit dem Weißwein ablöschen. Mit dem Liebstöckel würzen und köcheln lassen, bis der Wein zur Hälfte verkocht ist. Die Erbsen und das Wasser dazugeben und zugedeckt bei mittlerer Hitze etwa 5 Minuten kochen lassen. Währenddessen die Minze waschen, trocken tupfen und die Blätter von den Zweigen zupfen.

drei Den Topf vom Herd nehmen, die Crème fraîche und die Minze dazugeben und mit einem Pürierstab mixen. Mit Salz, Pfeffer und Muskatnuss abschmecken. Lauwarm servieren.

viere Für die Fladen die Lauchzwiebeln putzen, in feine Ringe schneiden, waschen und trocken tupfen. Den Bavaria blu in kleine Würfel schneiden. Die Buchweizenpfannkuchen mit den drei Käsesorten gleichmäßig bestreuen. Die Lauchzwiebeln dazugeben und mit etwas Pfeffer würzen. Die Fladen zur Hälfte zuklappen und in einer Pfanne ohne Öl braten, bis der Käse schmilzt und die Fladen knusprig goldbraun sind. Den Erbsen-Minze-Dip, Feldsalat, Tomaten und Balsamicoessig dazu reichen. Warm servieren.

Schwaben Burger

Grillkäsemedaillons mit Alblinsensalat in der Roggensemmel

ZUTATEN

8 Blätter Eichblattsalat
1 kleine rote Zwiebel
8 Scheiben Grillkäse
4 Roggensemmeln
150 g Kräuterfrischkäse
8 Scheiben Tomate
1 Rezept Alblinsensalat mit Pistazien und Kirschen (siehe Seite 114)

oans Den Backofen auf 180 °C (Ober-/Unterhitze) vorheizen. Die Salatblätter waschen und trocken tupfen. Die Zwiebel schälen und in Ringe schneiden. Den Käse in einer Grillpfanne ohne Fettzugabe bei mittlerer Hitze von beiden Seiten goldbraun anbraten.

zwoa Die Roggensemmeln im Backofen 3–4 Minuten toasten und mit einem scharfen Messer jeweils in drei Scheiben schneiden.

drei Alle Hälften mit dem Frischkäse bestreichen. Die vier unteren Hälften mit einem Salatblatt und einer Tomatenscheibe belegen und vier gegrillte Käsemedaillons darauf verteilen. Etwas vom Alblinsensalat über die Käsemedaillons verteilen, mit den Zwiebeln dekorieren und die mittlere Scheibe der Semmel auflegen. Noch einmal mit Salat, Tomaten, Käse, Linsen und Zwiebeln belegen und zuklappen.

Tipp

MIT EIN PAAR SCHEIBEN EINGELEGTEM SUSHI-INGWER (GARI) BEKOMMT DER BURGER EINE ÜBERRASCHENDE FRISCHE UND WIRD ZU EINER TOLLEN FUSION AUS SCHWÄBISCH UND JAPANISCH. UND G'SUND IS' A NO!

Für Bursch'n und Madln

Herzhafter Waffel-Burger mit Käse, mariniertem Grillgemüse und rauchiger Paprika-Mayo

FÜR DIE PAPRIKA-MAYONNAISE
Saft von ½ Zitrone
1 EL mittelscharfer Senf
2 Eigelb, 250 ml Öl
1 rote Paprikaschote
1 TL süßes, geräuchertes Paprikapulver
je 1 Prise Rauchsalz, Cayennepfeffer und gerebelter Oregano

FÜR DAS GRILLGEMÜSE
1 rote Paprikaschote
½ Aubergine
½ Zucchini
4 EL Olivenöl
1 Knoblauchzehe
je 1 Prise Meersalz, schwarzer Pfeffer aus der Mühle und gerebelter Oregano

FÜR 8 WAFFELN
1 kleine Zwiebel
350 g Weizenmehl (Type 405)
1 Päckchen Trockenhefe
1 Msp. Backpulver
Abrieb von ½ Bio-Zitrone
1 TL mittelscharfer Senf
100 ml Sonnenblumenöl
150 ml lauwarmes Wasser
50 g geriebener Parmesan
je 1 Prise Salz, weißer Pfeffer aus der Mühle und frisch geriebene Muskatnuss
etwas Öl für das Waffeleisen

FÜR DIE BURGER
4 Blätter Eichblattsalat
4 Scheiben Grillkäse
8 Tomatenscheiben
Oliven zum Dekorieren

oans Für die Mayonnaise die Hälfte vom Zitronensaft und den Senf zu den Eigelben geben und unter kräftigem Rühren mit einem Schneebesen das Öl in dünnem Faden einemulgieren. Die Paprikaschote halbieren, entkernen, waschen und in feine Würfel schneiden. Paprikapulver, restlichen Zitronensaft und Paprikawürfel in die Mayonnaise rühren und mit den Gewürzen abschmecken.

zwoa Für das Grillgemüse den Backofen auf 220 °C (Ober-/Unterhitze) vorheizen. Die Paprikaschote vierteln, entkernen, waschen und in grobe Würfel schneiden. Aubergine und Zucchini waschen, putzen und in 1 cm große Würfel schneiden. Ein Backblech mit Backpapier auslegen, das Gemüse darauflegen und mit etwas Olivenöl beträufeln. Im Ofen etwa 20 Minuten backen, nach der Hälfte der Garzeit einmal wenden.

drei Den Knoblauch schälen und fein hacken. Das Gemüse etwas abkühlen lassen und mit dem restlichen Öl, Knoblauch und den Gewürzen abschmecken.

viere Für die Waffeln die Zwiebel schälen und würfeln. Mehl, Hefe und Backpulver vermischen. Alle Zutaten hinzufügen und mit einem Handrührgerät kurz auf niedrigster, dann auf höchster Stufe in etwa 2 Minuten zu einem glatten Teig verkneten. Den Teig etwa 20 Minuten gehen lassen.

fünfe Das Waffeleisen auf höchster Stufe vorheizen. Dann auf mittlere Temperatur zurückschalten, einfetten und nacheinander acht Waffeln backen. Dafür etwas Teig auf das Waffeleisen geben, diesen gut verteilen und goldbraun backen. Die Waffeln herausnehmen, nebeneinander auf ein Blech legen und im Ofen warm stellen.

sechse Zum Servieren die Salatblätter waschen und trocken tupfen. Den Käse in einer Grillpfanne bei mittlerer Hitze von beiden Seiten goldbraun anbraten. Die Waffeln jeweils auf einer Seite mit der Mayonnaise bestreichen. Vier Waffeln mit Salat, Tomate, Käse, Gemüse und Oliven belegen. Mit den restlichen Waffeln belegen und sofort heiß servieren.

A gmahde Wiesn!

Hirsetaler-Burger mit Wildkräutern und Zitronendressing

FÜR DEN STERZ
250 ml Wasser
1 Prise Salz
40 g Butter
150 g Hirse
je 1 Prise weißer Pfeffer aus der Mühle und frisch geriebene Muskatnuss
2 Eigelb

FÜR DIE BURGER
4 Sesamsemmeln
100 g Kräuterquark
bunte Paprikastreifen zum Dekorieren
1 Rezept Wildkräuter-Blüten-Salat mit Zitronendressing (siehe Seite 112)

oans Für den Sterz ein Blech mit Frischhaltefolie auslegen. Das Wasser mit etwas Salz zum Kochen bringen, 10 g Butter dazugeben und die Hirse einrühren. Etwa 15 Minuten leise köcheln lassen, bis ein Brei entsteht, dabei mit einem Holzlöffel permanent umrühren. Zum Schluss mit Pfeffer und Muskat abschmecken. Die Masse auf das Blech stürzen und zu einer etwa 1,5 cm hohen Platte glatt streichen. Mit Folie abdecken und kalt werden lassen.

zwoa Den Backofen auf 180 °C (Ober-/Unterhitze) vorheizen. Die Eigelbe verquirlen. Aus dem Hirseteig mit einem Ring etwa 10 cm große Taler ausstechen, im verquirlten Eigelb wenden und in der restlichen heißen Butter in einer Pfanne goldbraun anbraten.

drei Zum Servieren die Semmeln halbieren und mit der Schnittfläche nach oben im Ofen 4–5 Minuten toasten. Die Schnittflächen mit dem Kräuterquark bestreichen, ein paar Paprikastreifen und die Hirsetaler auf den unteren Hälften verteilen, mit den Wildkräutern belegen und mit dem Zitronendressing beträufeln. Den Deckel auflegen und den Burger sofort servieren.

Tipp

FRÜHER WAR DER STERZ EIN TYPISCHES ARMELEUTEESSEN, UND NOCH HEUTE ISST MAN AUF DEM LAND VOR EINEM HARTEN ARBEITSTAG HÄUFIG STERZ MIT SCHMALZ UND SPECK ZUM FRÜHSTÜCK. FÜR UNSEREN BURGER KANN MAN DEN STERZ NATÜRLICH AUCH AUS ANDEREN TYPISCHEN ZUTATEN HERSTELLEN, Z. B. AUS MAISGRIESS *(TÜRKENSTERZ)*, BUCHWEIZENMEHL *(HEIDENSTERZ)*, WEIZENGRIESS *(GRIESSSTERZ)* ODER ROGGENMEHL *(BRENNSTERZ)*.

Alpen Burger

Kaspressknödel mit gegrilltem Blattspinat und Tomate

FÜR DIE KNÖDEL

1 kleine Zwiebel
40 g Butter
100 g Bergkäse
120 ml Milch
150 g Knödelbrot
1 Bund Schnittlauch
2 Eier
1 EL Weizenmehl
je 1 Prise Salz, schwarzer Pfeffer aus der Mühle und frisch geriebene Muskatnuss

FÜR DEN BLATTSPINAT

400 g Babyblattspinat
2 Schalotten
1 Knoblauchzehe
20 g Butter
je 1 Prise Meersalz und weißer Pfeffer aus der Mühle

FÜR DIE BURGER

2 Strauchtomaten
1 TL Olivenöl
je 1 Prise Salz und schwarzer Pfeffer aus der Mühle
4 Scheiben Bauernkrustenbrot

oans Für die Knödel die Zwiebel schälen, in kleine Würfel schneiden und in 10 g Butter hell anschwitzen. Den Bergkäse in etwa 5 mm große Würfel schneiden. Die Milch zum Kochen bringen und vom Herd nehmen. Das Knödelbrot und die Käsewürfel in eine große Schüssel geben. Die heiße Milch darübergießen und ein paar Minuten ziehen lassen. Währenddessen den Schnittlauch waschen trocken tupfen und in feine Röllchen schneiden.

zwoa Eier, Mehl, Zwiebel und Schnittlauch zum Knödelbrot geben. Mit Salz, Pfeffer und Muskatnuss würzen und die Masse kräftig mit den Händen durchmengen, aber nicht zusammenquetschen, sonst sind die Knödel später zu fest. Falls die Mischung zu trocken ist, etwas Milch dazugießen. Wenn sie zu feucht ist, noch etwas Mehl dazugeben. Danach aus der Masse vier runde Knödel formen und diese mit der Hand leicht flach pressen (daher kommt auch der Name Kaspressknödel).

drei Die restliche Butter in einer Pfanne erhitzen und die Knödel bei mittlerer Hitze von beiden Seiten 8–10 Minuten goldgelb braten.

viere Den Spinat waschen und in einer Salatschleuder gut trocknen. Die Schalotten und den Knoblauch schälen und in feine Würfel schneiden. Die Butter in einer Pfanne zerlassen, Zwiebeln und Knoblauch hell anschwitzen. Den Spinat dazugeben und die Pfanne mit einem Deckel schließen. Bei mittlerer Hitze köcheln lassen, bis der Spinat gar ist, dabei gelegentlich umrühren. Mit Salz und Pfeffer abschmecken.

fünfe Zum Servieren die Tomaten waschen, vierteln, entkernen, in Würfel schneiden und im Olivenöl kurz anschwitzen. Mit Salz und Pfeffer abschmecken.

sechse Die Brotscheiben halbieren und toasten. Den warmen Spinat etwas abtropfen lassen und auf vier halben Brotscheiben verteilen. Je einen Knödel auf den Spinat legen und die Tomatenwürfel darüber verteilen. Mit den restlichen Brotscheiben belegen und warm genießen.

Geht allawei

Obatzter mit Paprika-Krautsalat im Bauernkrustenbrot

FÜR DEN OBATZTEN
250 g reifer Camembert
150 g Frischkäse
100 g gesalzene, zimmerwarme Butter
1 TL rosenscharfes Paprikapulver
1 TL edelsüßes Paprikapulver
je 1 Prise Salz und schwarzer Pfeffer aus der Mühle

FÜR DIE SANDWICHES
8 Scheiben resches Bauernkrustenbrot
1 Rezept Paprika-Krautsalat (siehe Seite 119)
rote und orange Mini-Paprika und Salzbrezeln zum Dekorieren

oans Für den Obatzten den Camembert in kleine Stücke schneiden und mit dem Frischkäse und der weichen Butter in eine Schüssel geben. Das Paprikapulver dazugeben und alles mit einem Handrührgerät zu einer cremigen Masse verarbeiten. Mit etwas Salz und Pfeffer abschmecken.

zwoa Zum Servieren vier Scheiben Brot mit dem Obatzten bestreichen, jeweils etwas Paprika-Krautsalat darüber verteilen und mit den restlichen Brotscheiben belegen. In etwa 3 cm breite Streifen schneiden und mit Paprika und Salzbrezeln garnieren. Den restlichen Salat dazu servieren.

Tipp

DEN OBATZTEN EINFACH MAL ORIENTALISCH ABWANDELN: HUMMUS STATT FRISCHKÄSE! IHRE GÄSTE WERDEN BEGEISTERT SEIN.

Kummt vui eini

Perlgraupenpflanzerl-Burger mit gebratenem Romanasalat, Heidelbeeren und Bavaria blu

FÜR DIE PERLGRAUPENPFLANZERL

150 g Perlgraupen
Salz
250 g festkochende Kartoffeln
100 g Kartoffelstärke
1 weiße Zwiebel
1 kleine Karotte
2–3 Zweige Petersilie
20 g Maismehl
40 g Sonnenblumenkerne
je 1 Prise schwarzer Pfeffer aus der Mühle und frisch geriebene Muskatnuss
etwas Maismehl zum Bestreuen
Öl zum Braten

FÜR DIE BURGER

200 g Heidelbeeren
1 EL Orangensaft
1 TL Honig
150 g Bavaria blu
2 Romanasalatherzen
1 EL kalt gepresstes Rapsöl
je 1 Prise Meersalz und schwarzer Pfeffer aus der Mühle
1 kleine rote Zwiebel
8 Amaranthwaffeln (aus dem Reformhaus)
80 g Frischkäse
Kresse zum Dekorieren
Spieße zum Fixieren

oans Für die Pflanzerl die Perlgraupen in Salzwasser etwa 12 Minuten kochen, sodass sie noch einen leichten Biss haben. Das Wasser abgießen und die Graupen abkühlen lassen.

zwoa Die Kartoffeln waschen und mit Schale gar kochen. Dann etwas abkühlen lassen und pellen. Durch eine Kartoffelpresse drücken und mit der Stärke zu einem glatten Teig verkneten. Den Kartoffelteig auskühlen lassen.

drei Währenddessen die Zwiebel schälen und in kleine Würfel schneiden. Die Karotte schälen und ebenfalls fein würfeln. Die Petersilie waschen, trocken tupfen, die Blättchen von den Stängeln zupfen und fein hacken. Alle Zutaten am besten mit dem Knethaken der Küchenmaschine mit dem Kartoffelteig mischen. Wenn die Masse zu feucht ist, noch etwas Maismehl zugeben. Abschmecken. Die Masse zu vier gleich großen Pflanzerln formen, mit etwas Maismehl bestreuen und in einer Pfanne mit reichlich Öl von beiden Seiten knusprig und goldbraun anbraten.

viere Zum Servieren die Heidelbeeren in eine Schüssel geben. Orangensaft und Honig zufügen und mit einer Gabel verrühren, sodass die Beeren leicht gequetscht werden. Den Käse in grobe Würfel rupfen.

fünfe Die Salatherzen halbieren und den Strunk herausschneiden. Waschen und trocken schleudern. In einer vorgeheizten Pfanne im Rapsöl anbraten und mit Salz und Pfeffer würzen. Währenddessen die Zwiebel schälen und in feine Streifen schneiden. Die Waffeln jeweils auf einer Seite mit dem Frischkäse bestreichen und vier Stück mit den Pflanzerln und dem Bavaria blu belegen. Den Salat, die Heidelbeeren, die Zwiebelstreifen und die Kresse darauf verteilen, die restlichen Waffeln auflegen und nach Bedarf mit einem Spieß fixieren.

Bist narrisch? Na, narrisch auf Schwammerl!

Riesenchampignon-Burger mit Allgäuer Emmentaler, Paprika-Krautsalat und Brotchips

FÜR DIE BROTCHIPS
½ Vollkornbaguette
2 EL kalt gepresstes Rapsöl
1 Prise Meersalz

FÜR DIE BURGER
8 Riesenchampignons
je 1 Prise Meersalz, schwarzer Pfeffer aus der Mühle und gerebelter Majoran
ca. 400 g geriebener Allgäuer Emmentaler
1 rote Zwiebel
1 Rezept Paprika-Krautsalat
(siehe Seite 119)
gehackte Petersilie, geröstete Kürbiskerne und Feldsalat zum Dekorieren

oans Für die Brotchips den Backofen auf 145 °C (Ober-/Unterhitze) vorheizen. Das Vollkornbaguette in etwa 3 mm dünne Scheiben schneiden und diese nebeneinander auf ein mit Backpapier belegtes Backblech legen. Mit dem Öl beträufeln und mit dem Salz würzen. Im Backofen auf der mittleren Schiene etwa 20 Minuten rösten, bis die Chips schön knusprig sind.

zwoa Zum Servieren den Ofen auf 240 °C Umluft mit Grillfunktion vorheizen. Von den Champignons den Stiel entfernen und die Innenfläche mit Salz, Pfeffer und Majoran würzen. Den Käse auf den Pilzen verteilen. Die Champignons in feuerfeste Förmchen geben und im Ofen 8–10 Minuten backen, bis der Käse goldbraun ist.

drei Die Zwiebel schälen und in feine Ringe schneiden. Die Pilze mit Paprika-Krautsalat füllen und mit Brotchips, Zwiebel, Petersilie, Kürbiskernen und Feldsalat dekorieren. Sofort heiß servieren.

Tipp

WER ORDENTLICHE PORTIONEN VERTRÄGT, KANN DEN BURGER AUCH MIT RIESIGEN PORTOBELLOPILZEN, AUF DEUTSCH AUCH »REGENSCHIRM« GENANNT, ZUBEREITEN. DIE GIBT'S ZUM BEISPIEL BEIM PILZSTAND AM MÜNCHNER VIKTUALIENMARKT.

NON-FINGER-
FOOD
Burger

Schau ma moi

Gegrillte Paprika mit Nusssauce und Sprossen im Körnersandwich

FÜR DIE ERDNUSSSAUCE
80 ml Sojamilch
30 g körniger Dijon-Senf
200 g Erdnussbutter
200 ml Sonnenblumenöl
1 EL Apfelessig
je 1 Prise Meersalz, weißer Pfeffer aus der Mühle, mildes Paprikapulver und Cayennepfeffer

FÜR DIE GEGRILLTE PAPRIKA
8 rote Spitzpaprika
je 1 Prise Salz und weißer Pfeffer aus der Mühle
1 EL kalt gepresstes Rapsöl

FÜR DIE SANDWICHES
2 Bund Rauke
2 Tomaten
1 kleine rote Zwiebel
100 g Sprossen
12 Scheiben Sandwich-Körnerbrot
gehackte Erdnüsse, Kresse und Blüten zum Dekorieren
Holzspieße zum Fixieren

oans Für die Erdnusssauce Sojamilch, Senf, Erdnussbutter und Öl mehrere Stunden, am besten über Nacht, im Kühlschrank lagern.

zwoa Die Sojamilch mit dem Senf in einen Mixer geben. Langsam auf die höchste Drehzahl schalten und über die kleine Deckelöffnung erst tropfenweise und dann in dünnem Faden das Öl einemulgieren. Zum Schluss die Erdnussbutter und den Essig dazugeben und mit den Gewürzen abschmecken.

drei Für die Paprika den Backofen auf 220 °C Umluft mit Grillfunktion vorheizen. Die Paprika halbieren, entkernen, waschen und in Stücke schneiden. Auf ein mit Backpapier ausgelegtes Backblech geben und etwa 15 Minuten backen, bis die Haut schwarz wird und sich löst. Aus dem Ofen nehmen, etwas abkühlen lassen, die Haut entfernen. Mit Salz und Pfeffer würzen und mit etwas Öl beträufeln.

viere Zum Servieren die Rauke waschen, trocken tupfen und die groben Stiele entfernen. Die Tomaten waschen, trocken tupfen, den Strunk entfernen und in Scheiben schneiden. Die Zwiebel schälen und in feine Ringe schneiden. Die Sprossen waschen und gut abtropfen lassen. Die Brotscheiben toasten und jeweils eine Seite mit der Erdnusssauce bestreichen.

fünfe Auf 6 Scheiben die Rauke, Tomaten, Zwiebeln und die gegrillte Paprika verteilen und alles mit Sprossen, Nüssen und Kresse dekorieren. Dann je 2 belegte Scheiben übereinanderstapeln und mit den restlichen Scheiben belegen. Nach Bedarf mit einem Spieß fixieren, die Blüten anlegen und sofort servieren.

Tipp

ES IST WICHTIG, DASS ALLE ZUTATEN FÜR DIESE BASISMAYONNAISE DIE GLEICHE TEMPERATUR HABEN, DAMIT DIE SAUCE GELINGT.

Ois isi Burger

Ofengebackene Rote Bete mit Schmand und Mohn im Brioche

ZUTATEN

4 Brioche-Semmeln
150 g Mayonnaise
1 Rezept Wildkräuter-Blüten-Salat mit Zitronendressing (siehe Seite 112)
1 Rezept Rote Bete mit Schmand und Mohn (siehe Seite 111)
Apfelbalsamessig zum Beträufeln
Holzspieße zum Fixieren

oans Den Backofen auf 180 °C (Ober-/Unterhitze) vorheizen. Die Semmeln halbieren und im heißen Ofen mit der Schnittfläche nach oben 3–4 Minuten toasten. Die Brioche-Semmeln aus dem Backofen nehmen und abkühlen lassen.

zwoa Die Schnittflächen mit der Mayonnaise bestreichen, die unteren Hälften mit dem Wildkräuter-Blüten-Salat belegen und die Rote Bete darauf anrichten. Mit Apfelbalsamessig beträufeln, die oberen Semmelhälften auflegen und mit einem Holzspieß fixieren.

Tipps

DAZU PASSEN HERVORRAGEND EIN PAAR KNUSPRIGE KARTOFFELSPALTEN IM HASELNUSSMANTEL (SIEHE REZEPT SEITE 107).

IN DIE MAYONNAISE ETWAS WASABIPULVER MISCHEN, DAS HARMONIERT TOLL MIT DER SÜSSLICHEN BETE UND VERLEIHT DEM BURGER EINE EXOTISCHE NOTE.

Obacht, siaße Früchterl!

Sonnenblumenbrot-Sandwich mit Weißlacker und marinierten Thymian-Erdbeeren

FÜR DIE MARINIERTEN THYMIAN-ERDBEEREN

250 g Erdbeeren
1 weiße Zwiebel
3–4 Zweige Thymian
1 EL Honig
1 EL Apfelbalsamessig
Zesten von ½ Bio-Orange
1 Spritzer Cointreau

FÜR DIE SANDWICHES

100 g Babyblattspinat
400 g Weißlacker-Käse
4 Scheiben Sonnenblumenbrot
20 g gesalzene zimmerwarme Butter

oans Für die Thymian-Erdbeeren die Früchte waschen, abtropfen lassen und putzen, anschließend in etwa 1 cm große Würfel schneiden. Die Zwiebel schälen und in feine Würfel schneiden. Den Thymian waschen, trocken tupfen, die Blättchen von den Stängeln zupfen und fein hacken. Alle vorbereiteten Zutaten in eine Schüssel geben und mischen. Mit Honig, Essig, Orangenzesten und Cointreau abschmecken. Abdecken und etwa 1 Stunde ziehen lassen.

zwoa Zum Servieren den Babyblattspinat in kaltem Wasser waschen und in einer Salatschleuder trocknen. Den Käse in kleine Würfel schneiden. Die Brotscheiben toasten, noch warm mit der Butter bestreichen und halbieren.

drei Jeweils auf die eine Brothälfte den Spinat verteilen und die Käsewürfel darüberstreuen. Mit den marinierten Erdbeeren dekorieren, mit der zweiten Brothälfte belegen und warm servieren.

Tipp

DER WEISSLACKER SCHMECKT DAS GANZE JAHR GUT, JE NACH JAHRESZEIT KANN MAN DAS SANDWICH AUCH LECKER MIT SAISONFRÜCHTEN WIE PHYSALIS, ORANGENFILETS, FEIGEN, WEINTRAUBEN ODER APRIKOSEN ZUBEREITEN.

daugt ua

Bayrische Antipasti & Beilagen

KAPITEL 4

Ziegenkäse im Krautblatt

ZUTATEN

8 Blätter Wirsing- oder Weißkohl
1–2 Zweige Majoran
1 Lauchzwiebel
30 g Butter
Salz und schwarzer Pfeffer aus der Mühle
frisch geriebene Muskatnuss
300 g Ziegenkäse-Rolle
2 braune Champignons
8 Zahnstocher

oans Von den Kohlblättern den dicken Stunk herausschneiden und die Blätter nacheinander in einem großen Topf in kochendem Salzwasser knapp 1 Minute blanchieren. Mit der Schaumkelle herausheben und in einer großen Schüssel mit eiskaltem Wasser abschrecken. Anschließend in einem Sieb abtropfen lassen.

zwoa Den Majoran waschen, trocken tupfen, die Blättchen von den Stängeln zupfen und hacken. Die Lauchzwiebel putzen, waschen und in feine Ringe schneiden. In einer Pfanne 10 g Butter erhitzen, die Lauchzwiebel und den Majoran darin hell anschwitzen. Mit Salz, Pfeffer und etwas geriebener Muskatnuss abschmecken. In eine Schüssel geben und ein wenig abkühlen lassen.

drei Den Käse in acht gleich große Scheiben schneiden. Die Pilze mit einem Messer putzen, die Stiele entfernen und die Hüte in acht dünne Scheiben schneiden.

viere Die Kohlblätter auf einer Arbeitsfläche ausbreiten und trocken tupfen. In die Mitte der Blätter je einen kleinen Löffel Lauchzwiebeln verteilen, den Käse darüberlegen und mit Salz und Pfeffer würzen. Den Kohl so darüberschlagen, dass der Käse nur knapp bedeckt ist. Auf die Nahtstelle je eine Scheibe Champignon legen und mit dem Zahnstocher fixieren.

fünfe Die Kohlpäckchen in der Pfanne in der restlichen Butter bei kleiner Hitze anbraten, dabei gelegentlich vorsichtig wenden. Wenn das Kraut zu duften beginnt und Farbe bekommt, aus der Pfanne heben.

Tipp

DIE ZIEGENKÄSE-PACKERL KÖNNEN AUCH WUNDERBAR AUF VORGEWÄRMTEN TELLERN ANGERICHTET UND MIT STANGENWEISSBROT SERVIERT WERDEN. DAZU PASST EIN KLEINER SALAT.

Sellerie mit Weinbeeren

ZUTATEN
1 Knollensellerie
Salz
1 Bio-Zitrone
1 Zwiebel
2 Stängel Dill
200 ml Apfelessig
100 ml Apfelsaft
25 g körniger Senf
2 EL Honig
100 g getrocknete Weinbeeren
je 1 TL Salz, Pfefferkörner und Kümmel zum Einmachen

AUSSERDEM
Einmachgläser, ggf. Einmachtopf

oans Den Sellerie gründlich waschen und die kleinen Wurzeln abschneiden. In einem großen Topf ausreichend Salzwasser zum Kochen bringen und den Sellerie hineingeben. Die Zitrone waschen, halbieren und ins Kochwasser geben. Etwa ½ Stunde simmern lassen, bis der Sellerie fast weich ist.

zwoa Inzwischen die Zwiebel schälen und fein würfeln. Den Dill waschen, trocken tupfen und grob hacken. Aus Essig, Saft, Senf und Honig einen Sud anrühren und mit Salz abschmecken.

drei Den Sellerie mit einem Schaumlöffel aus dem Kochwasser heben, kurz ausdampfen lassen und die Haut abschaben. Den Sellerie mit einem Buntmesser in Scheiben schneiden und in Einmachgläser legen. Weinbeeren, Zwiebel, Dill und Gewürze gleichmäßig darüber verteilen und mit dem Sud übergießen. Das Gemüse muss vollständig bedeckt sein. Die Gläser verschließen und im Einmachtopf nach Empfehlung des Herstellers pasteurisieren.

Tipp

DER EINGELEGTE SELLERIE SCHMECKT BESONDERS LECKER, WENN ER LAUWARM SERVIERT WIRD. WER DEN SELLERIE GLEICH VERZEHREN MÖCHTE ODER KEINEN EINKOCHTOPF BESITZT, KOCHT DEN SELLERIE EINFACH ETWAS LÄNGER IM KOCHTOPF.

Honig-Karotten

ZUTATEN
6–8 Karotten
Salz
3–4 Stängel Blattpetersilie
schwarzer Pfeffer aus der Mühle
2 EL Honig
1 EL Apfelessig
1 EL kalt gepresstes Rapsöl

oans Die Karotten schälen und in einem großen Topf mit Salzwasser etwa 20 Minuten gar kochen.

zwoa Währenddessen die Petersilie waschen, trocken tupfen, die Blättchen von den Stängeln abzupfen und hacken. Die Karotten aus dem Wasser heben, kurz ausdampfen lassen und in Scheiben schneiden. Mit Salz und Pfeffer würzen und Honig, Essig und Öl darüberträufeln.

drei Die Karotten mit der Petersilie bestreuen und noch warm servieren.

Bayrische Nigiri

ZUTATEN

1 Stück Radi (ca. 5 cm lang)
Salz
16 ausgesuchte ovale, gerade Mini-Kartoffeln
1 Prise Kümmel
4 Scheiben schwarzgeräuchertes Karree
1 TL geriebener Meerrettich
1 geräuchertes Forellenfilet
1 TL Forellenkaviar
4 Schnittlauchhalme
1 rote Zwiebel
4 Scheiben reifer Romadur-Käse
1 TL Feigensenf
4 Austernpilze
etwas Öl
schwarzer Pfeffer aus der Mühle
Kräutersenf

oans Den Radi schälen, vierteln und mit dem Hobel in dünne Scheiben schneiden. Mit 1 Prise Salz abschmecken und etwa 1 Stunde ziehen lassen.

zwoa Die Kartoffeln waschen und in Salzwasser mit etwas Kümmel gar kochen. Abgießen und abkühlen lassen.

drei Die Karree-Scheiben auf der Unterseite dünn mit dem Meerrettich bestreichen und auf vier Kartoffeln legen. Nach Wunsch mit geriebenem Meerrettich garnieren. Das Forellenfilet in vier Stücke teilen und ebenfalls auf der Unterseite dünn mit dem Meerrettich bestreichen und auf die vier Kartoffeln legen. Anschließend mit dem Forellenkaviar und Schnittlauch garnieren.

viere Die rote Zwiebel schälen, halbieren und in dünne Streifen schneiden. Den Romadur auf der Unterseite mit dem Feigensenf bestreichen und auf vier Kartoffeln legen. Mit den Zwiebelstreifen garnieren.

fünfe Die Austernpilze putzen, in etwas Öl bei mittlerer Hitze etwa 6–8 Minuten goldbraun anbraten und mit Salz und Pfeffer würzen. Auf einem Küchentuch etwas abtropfen lassen. Auf der Unterseite mit Kräutersenf bestreichen und auf die Kartoffeln legen.

sechse Die Nigiri auf einer Platte mit dem Radi und einem Klecks Kräutersenf servieren.

Kartoffelspalten im Haselnussmantel

ZUTATEN

800 g vorwiegend festkochende Kartoffeln
1 Ei
1 EL Mehl
je 1 Prise Salz und schwarzer Pfeffer aus der Mühle
½ Bio-Zitrone
5–6 EL gemahlene Haselnüsse
40 ml Sonnenblumenöl

oans Den Backofen auf 180 °C (Ober-/Unterhitze) vorheizen. Die Kartoffeln gründlich unter fließendem Wasser schrubben, der Länge nach halbieren und in Spalten teilen.

zwoa Das Ei mit dem Mehl verrühren und mit Salz und Pfeffer würzen. Die Zitrone heiß waschen, trocken reiben und die Schale abreiben. Den Zitronenabrieb mit den Haselnüssen in einer großen flachen Schüssel mischen.

drei Die Kartoffelspalten zuerst im Ei wenden und anschließend nacheinander mit der Nussmischung panieren. Die Kartoffelspalten in einer flachen Lage auf das mit Backpapier belegte Backblech geben. Mit dem Öl beträufeln und 30–40 Minuten goldbraun backen, dabei einmal wenden. Wenn die Kartoffeln gar sind, mit Salz würzen und heiß servieren.

Bohnen-Speck-Salat mit Birnen

ZUTATEN
400 g grüne Bohnen
Salz
1 Zitrone
2 Birnen
1 rote Zwiebel
100 g Speck
2 EL Sonnenblumenöl
1 EL weißer Balsamicoessig
1 Prise schwarzer Pfeffer aus der Mühle
1 TL süßer Senf
Kresse zum Dekorieren

oans Die Bohnen waschen und die Enden abschneiden. Ausreichend Salzwasser zum Kochen bringen. Die Bohnen in das kochende Wasser geben und etwa 8–10 Minuten bissfest garen. Dann die Bohnen mit einem Schaumlöffel herausheben und sofort in einer Schüssel mit kaltem Wasser abschrecken. Abgießen und in einem Sieb abtropfen lassen.

zwoa Die Zitrone auspressen. Die Birnen waschen, schälen, vierteln, vom Kerngehäuse befreien und in dünne Streifen schneiden. In eine Schüssel geben und mit dem Zitronensaft beträufeln. Die Zwiebel schälen und in feine Würfel schneiden. Den Speck würfeln.

drei In einer Pfanne das Sonnenblumenöl auf mittlerer Stufe erhitzen und die Speckwürfel darin anbraten. Die Pfanne vom Herd nehmen und etwas abkühlen lassen. Dann die Birnenstreifen mit dem Zitronensaft, den Essig, die Zwiebelwürfel und die Bohnen dazugeben. Zum Schluss mit Salz, Pfeffer und süßen Senf abschmecken. Mit Kresse dekorieren. Nach Wunsch noch einige knusprig gebratene Speckscheiben darauf anrichten. Am besten lauwarm servieren.

Rote Bete mit Schmand und Mohn

ZUTATEN

4 Knollen Rote Bete
2–3 Stängel Majoran
je 1 Prise grobes Meersalz und grob geschroteter schwarzer Pfeffer
150 g Schmand
4 TL gemahlener Mohn
gehackte Pistazien zum Dekorieren

oans Den Backofen auf 180 °C (Ober-/Unterhitze) vorheizen. Die Rote Bete schälen. Den Majoran waschen, trocken tupfen und die Blättchen von den Stängeln zupfen. Die Knollen mit Salz, Pfeffer und Majoran würzen und in eine ofenfeste Form mit Deckel legen. Im Backofen 35–40 Minuten zugedeckt garen.

zwoa Die Form aus dem Ofen nehmen und die Knollen oben sternförmig einschneiden. Den Schmand auf den Knollen verteilen, mit dem Mohn bestreuen und die Roten Beten ohne Deckel weitere 10 Minuten im Ofen überbacken. Mit Pistazien garnieren.

Tipp

BEIM SCHÄLEN DER ROTEN BETE HABEN SICH EINWEGHANDSCHUHE BESTENS BEWÄHRT.

Wildkräuter-Blüten-Salat mit Zitronendressing

ZUTATEN
1 Bio-Zitrone
1 TL mittelscharfer Senf
1 EL Honig
100 ml Olivenöl
je 1 Prise Fleur de Sel und schwarzer Pfeffer aus der Mühle
150 g Wildkräuter-Blüten-Salat (küchenfertig)

oans Für das Dressing die Zitrone waschen, abtrocknen und mit einer Reibe etwas von der gelben Schale in eine Schüssel reiben. Anschließend die Zitrone halbieren und den Saft dazupressen. Senf und Honig dazugeben und ganz langsam das Olivenöl einrühren. Mit Salz und Pfeffer abschmecken.

zwoa Der Salatmix wird meistens küchenfertig angeboten, sollte aber gegebenenfalls noch gewaschen werden. Danach vorsichtig trocken tupfen. Das Dressing erst direkt vor dem Servieren über den Salat geben, da die zarten Blätter schnell zusammenfallen.

Tipp

WEM DIE SALATMISCHUNG VOM GEMÜSEHÄNDLER NICHT FRISCH GENUG IST, DER FINDET IM INTERNET JEDE MENGE ANBIETER ZU WILDKRÄUTERFÜHRUNGEN IN DEN HEIMATWIESEN, Z. B. UNTER HTTPS://WILDPFLANZENLIEBE.WORDPRESS.COM/PLZ/

Alblinsensalat mit Pistazien und Kirschen

ZUTATEN
100 g Alblinsen oder Puy-Linsen
1 Prise Meersalz
2 TL Honig
50 ml kalt gepresstes Rapsöl
Saft von ½ Zitrone
60 ml Apfelbalsamessig
je 1 Prise Meersalz, weißer Pfeffer aus der Mühle und gerebelter Majoran
20 g grüne Pistazien oder Pinienkerne
40 g getrocknete Kirschen
Blütenblätter und Blattpetersilie zum Dekorieren

oans Die Linsen über Nacht in möglichst kalkarmem Wasser einweichen. Das Wasser durch ein Sieb abgießen, die Linsen abspülen und dann in einem hohen Topf mit reichlich Wasser 35–40 Minuten kochen, bis sie weich sind, aber noch einen ganz leichten Biss haben. Am Ende der Garzeit mit Salz würzen. Die Linsen durch ein Sieb abgießen und etwas abkühlen lassen.

zwoa Aus Honig, Öl, Zitronensaft und Essig ein Dressing rühren und mit Salz, Pfeffer und Majoran abschmecken.

drei Die Pistazien grob hacken. Pistazien bzw. Pinienkerne mit den Kirschen unter die lauwarmen Linsen heben. Das Dressing dazugeben und den Salat abschmecken. Den Salat mit den Blüten und Petersilie garnieren.

Fenchel-Aprikosen-Salat

ZUTATEN
2 Fenchelknollen
6 reife Aprikosen
1 Schalotte
2 Zweige Dill
Saft von 1 Orange
1 EL grobkörniger Senf (20 g)
30 ml Olivenöl
Fleur de Sel, weißer Pfeffer aus der Mühle
und brauner Zucker

oans Den Fenchel waschen, halbieren, die oberen Spitzen abschneiden und den Strunk entfernen. Die Hälften mit der Mandoline in feine Streifen hobeln. Das Fenchelgrün grob hacken.

zwoa Die Aprikosen waschen, halbieren, entkernen und in schmale Spalten schneiden. Die Schalotte schälen und der Länge nach in schmale Streifen schneiden. Den Dill waschen, trocken tupfen und die Spitzen grob hacken.

drei In einer Schüssel den Orangensaft mit dem Senf mischen und langsam das Öl einrühren. Den Fenchel und die Schalotte dazugeben und das Dressing kräftig einkneten. Mit Salz, Pfeffer und Zucker abschmecken und die Aprikosen mit dem Dill vorsichtig unterheben. 20 Minuten ziehen lassen.

Paprika-Krautsalat

ZUTATEN
1 kleiner Spitzkohl
feines Meersalz
2 rote Spitzpaprika
1 EL kalt gepresstes Rapsöl
1 rote Zwiebel
2 Stängel Blattpetersilie
1 EL mittelscharfer Senf
2 EL Apfeldicksaft
100 ml Apfelessig
200 ml kalt gepresstes Rapsöl
1 Prise weißer Pfeffer aus der Mühle
Salzbrezeln zum Dekorieren

oans Den Spitzkohl halbieren, den Strunk und die äußeren Blätter entfernen und den Kohl in feine Streifen hobeln. Mit etwas Salz mischen und 1 Stunde ziehen lassen.

zwoa Den Backofen auf 220 °C (Ober-/Unterhitze) vorheizen. Die Paprika halbieren, entkernen, waschen und in Stücke schneiden. Die Paprika auf ein mit Backpapier belegtes Backblech legen und im Backofen etwa 15 Minuten backen, bis die Haut schwarz wird und sich löst. Aus dem Ofen nehmen, etwas abkühlen lassen, die Haut entfernen und die Paprikafilets in Streifen schneiden. Mit Salz würzen, mit etwas Öl beträufeln und abkühlen lassen.

drei Die Zwiebel schälen und in feine Streifen schneiden. Die Petersilie waschen, trocken tupfen und die Blättchen von den Stängeln zupfen. Senf, Apfeldicksaft und Essig verrühren und das Öl in einem dünnen Faden langsam unter ständigem Schlagen zugießen, bis die Masse emulgiert ist. Die Petersilie dazugeben und kurz zerkleinern. Mit Salz und Pfeffer abschmecken.

viere Das Wasser vom Kraut abgießen, Paprika und Zwiebel untermischen und mit dem Dressing marinieren. Noch einmal abschmecken und kurz ziehen lassen. Mit den Salzbrezeln anrichten.

Wirsingkrautsalat

ZUTATEN

½ Wirsing
1 weiße Zwiebel
100 ml Apfelessig
2 EL Wasser
1 EL Honig
1 EL süßer Senf
1 EL grober Dijon-Senf
2 EL Mayonnaise
2 Stängel Dill
je 1 Prise Salz, weißer Pfeffer aus der Mühle und frisch geriebene Muskatnuss

oans Den Wirsing putzen, in feine Streifen schneiden, waschen und gut abtropfen lassen. Inzwischen die Zwiebel schälen und in feine Würfel schneiden. Mit Essig, Wasser und Honig in einem kleinen Topf etwa 5 Minuten köcheln lassen. Den Wirsing in eine große Schüssel geben, mit dem heißen Sud übergießen und etwa 5 Minuten durchziehen lassen, bis der Sud abgekühlt ist.

zwoa Den Senf und die Mayonnaise unter den Salat mischen. Den Dill waschen, trocken tupfen, von den Stängeln zupfen und grob hacken. Den Salat mit Salz, Pfeffer, Muskat und Dill abschmecken und etwa 1 Stunde im Kühlschrank durchziehen lassen.

Tipp

MIT ZUSÄTZLICH ETWAS GEHOBELTEM BLAUKRAUT UND GERASPELTEN KAROTTEN WIRD DER SALAT ZUM FARBENFROHEN FEUERWERK, BEI DEM SOGAR KINDER NICHT WIDERSTEHEN KÖNNEN.

Kartoffelsalat

ZUTATEN
500 g vorwiegend festkochende Kartoffeln
Salz
2 Essiggurken
1 rote Zwiebel
1 Lauchzwiebel
2–3 Stängel Blattpetersilie
100 ml Apfelessig
2 EL Sonnenblumenöl
1 TL Zucker
1 EL mittelscharfer Senf
je 1 Prise weißer Pfeffer aus der Mühle und gerebelte Liebstöckelblätter
Blattpetersilie zum Dekorieren

oans Die Kartoffeln waschen, schälen und etwa 20 Minuten in Salzwasser gar kochen.

zwoa In der Zwischenzeit die Essiggurken vierteln und in Würfel oder dünne Scheiben schneiden. Die Zwiebel schälen und fein würfeln. Die Lauchzwiebel putzen, waschen und in feine Ringe schneiden. Die Petersilie waschen, trocken tupfen, von den Stängeln zupfen und fein hacken. In einer großen Schüssel aus Essig, Öl, Zucker und Senf eine Marinade anrühren.

drei Die Kartoffeln abgießen, etwas ausdampfen lassen und in Scheiben schneiden. Noch warm in die Marinade geben und mit Salz, Pfeffer und Liebstöckel abschmecken. Zum Schluss Zwiebel, Lauchzwiebel und Gurkenwürfel unterheben und ½ Stunde durchziehen lassen. Mit Petersilie anrichten.

Münchner Wurstsalat

ZUTATEN

4 Regensburger Würste
½ rote Paprikaschote
4 Essiggurken mit etwas Sud
1 Zwiebel
1 Bund Schnittlauch
4 EL Weißweinessig
4 EL kalt gepresstes Rapsöl
1 EL mittelscharfer Senf
je 1 Prise Salz und schwarzer Pfeffer aus der Mühle

oans Die Regensburger Würste häuten und in dünne Streifen schneiden. Die Paprikaschote halbieren, entkernen, waschen und in Streifen schneiden. Die Gurken ebenfalls in feine Streifen schneiden. Die Zwiebel schälen und würfeln. Den Schnittlauch waschen, trocken tupfen und in feine Röllchen schneiden. Einen Teil davon zum Dekorieren beiseitestellen.

zwoa Die vorbereiteten Zutaten in eine große Schüssel geben und mit etwas Gurkensud, dem Weißweinessig, Rapsöl und Senf mischen. Mit Salz und Pfeffer abschmecken. Etwa 1 Stunde durchziehen lassen. Den Salat mit Schnittlauch und Paprika dekorieren.

Tipp

JE NACH TAGESLAUNE LÄSST SICH DER SALAT SUPER ABWANDELN, Z. B. WÜRZIG-PIKANT MIT GERIEBENEM MEERRETTICH ODER VOLLMUNDIG MIT KÄSESTREIFEN VOM EMMENTALER. WER'S VERTRÄGT, KANN AUCH MIT FRISCHEN CHILIRINGEN FEURIG ABSCHMECKEN.

Rezeptverzeichnis

Burger und Sandwiches – vegetarisch

Bezugsquellen

Alblinsen
http://lauteracher.de/unternehmen/alb-leisa-erzeugergemeinschaft.html

Bergkäse
www.spezialitaetenland-bayern.de/spezialitaeten/allgaeuer-bergkaese
www.bergstätt-käse.de
www.beslers-schwand.de/sennerei.html

Domina-Rotwein
www.gwf-frankenwein.de (unter »Finden Sie Ihren Wein« als Rebsorte »Domina« wählen)

Fleisch allgemein
http://frischeparadies.de/frischeparadies-maerkte/muenchen.html
http://mbwassonst.de/
www.gut-georgenberg.de/254

Saibling und Forellen
www.fischzucht-koenigssee.de/index.html

Schwarzgeräuchertes
www.schmankerl-welt.com/schmankerl-shop/geräuchertes-co/schwarzgeräuchertes-artikeldaten/
www.bauerngeselchtes.de

Sennalpkäse
www.spezialitaetenland-bayern.de/spezialitaeten/allgaeuer-sennalpkaese; www.alpsennerei.de; www.alpe-schlappold.de/kaese/

Weißlacker
www.spezialitaetenland-bayern.de/spezialitaeten/allgaeuer-weisslacker
www.käsealm.de/shop/306878/73148/56/weichkaese/weisslacker-100g-fuer-1-89

Wildkräuter-Blüten-Salat
www.keltenhof.com (Produkt »Wildkräutersalat«, s. »Vertriebspartner«)

ÜBER DEN AUTOR

Pontus Frei – Koch aus Eifersucht
Den Wunsch, Koch zu werden, hatte ich schon mit 14 Jahren. Ein gleich alter Nachbarsjunge wurde von allen Seiten stets gelobt, weil er schon selbst sein Mittagessen kochen konnte. Das musste ich natürlich auch können! Fortan hatte meine Familie etliche kulinarische Versuche tapfer lächelnd zu ertragen, bis ich dann das Gymnasium vorzeitig verließ, um endlich richtig kochen zu lernen. Später stellte sich heraus, dass der Nachbarsjunge nur das vorgekochte Essen seiner Mutter aufgewärmt hat ... Ob es jemals zu mehr gereicht hat, habe ich leider nie erfahren. Ich jedenfalls bin meinem Beruf treu geblieben und koche beruflich und privat immer noch mit viel Leidenschaft und Neugierde.

ÜBER DIE FOTOGRAFIN

Kochen und Fotografie sind die zwei großen Leidenschaften von **Tanja Major.** Sie lernte das Kochen von der Pike auf in Gourmet- und Sterneküchen, u. a. bei Martin Scharff und Eckart Witzigmann. Seit 1994 arbeitet sie als Foodstylistin und Fotografin für Buchverlage, Foodmagazine und Werbung.

Impressum

Bibliografische Information der Deutschen Nationalbibliothek

Die Deutsche Nationalbibliothek verzeichnet diese Publikation in der Deutschen Nationalbibliografie; detaillierte bibliografische Daten sind im Internet über http://dnb.d-nb.de abrufbar.

BLV Buchverlag GmbH & Co. KG
80636 München

www.facebook.com/blvVerlag

Bildnachweis:
Alle Fotos von Tanja Major, außer S. 128 li.: Pontus Frei,
S. 128 re.: Melanie Flemme
Ein herzliches Dankeschön an
Keramikerin Alexa Voigtlaender, www.tonsteinespaene.de
Lisa Trachten www.trachten-lisa.de (Trachtenstoffe)
Elisabeth Freundl (Küchenassistenz)

Grafiken: Julia Romeiß

Umschlagkonzeption und -gestaltung: BLV-Verlag
Umschlagfotos: Vorderseite: Stockfood/Ewgenija Schall
Rückseite: Tanja Major

Lektorat: Stella Rahn (Idee, Konzept, Rezeptnamen),
Regina Rautenberg
Herstellung: Angelika Tröger
Layoutkonzept Innenteil: Julia Romeiß, München
Layout: Kathrin Michel, München

Gedruckt auf chlorfrei gebleichtem Papier

Printed in Germany
ISBN 978-3-1632-1

Hinweis
Das vorliegende Buch wurde sorgfältig erarbeitet. Dennoch erfolgen alle Angaben ohne Gewähr.
Weder Autor noch Verlag können für eventuelle Nachteile oder Schäden, die aus den im Buch vorgestellten Informationen resultieren, eine Haftung übernehmen.